GOD'S BEAUTIFUL NATURE

Katalog zur Ausstellung von

Delphine Terrand
&
Sabine Salat

6. Oktober - 24. November 2024

PARIS

Vorwort

Wenn es auch nur eines gibt, dem man nicht entkommen kann, so ist es die Natur. Seien es die weiten Felder, die man durch das Fenster eines Autos im Vorbeifahren erblickt, oder eine einzelne Blume, die sich mutig auf der Suche nach Licht einen Weg durch den Beton einer Vorstadt bohrt - die Natur ist in unserem Leben allgegenwärtig.

Es ist ihre Harmonie und Schönheit, aber auch die Kraft, die in ihr steckt, das Wesen unserer Natur, der Delphine Terrand und Sabine Salat in ihren Werken nachgehen und in der Ausstellung **God's beautiful nature** *in den Vordergrund stellen.*

Beide Künstlerinnen laden Sie ein, sich in aller Demut der Schönheit der Bäume, der Blumen und Blüten, der nackten Äste im Winter bis hin zu den Blumen am Feldrain in ihrer ganzen Farbenpracht hinzugeben. Hier dürfen die Betrachter aus der schnelllebigen, digitalisierten und künstlichen Welt einen kurzen Moment innehalten, um die Größe der Landschaften auf sich einwirken zu lassen.

Diese Ausstellung bietet Ihnen die Möglichkeit, die Werke von Sabine Salat, die sich auf Details konzentrieren, zu entdecken, oder aber die Landschaften von Delphine Terrand, oft umhüllt von wärmendem Licht. Lassen Sie sich auf erstaunliche, paradiesische Welten ein.

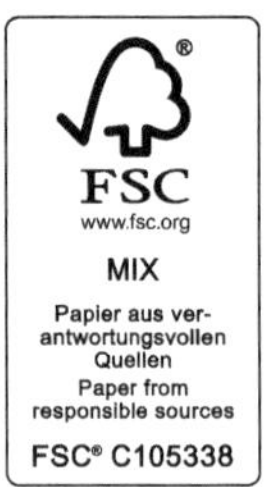

https://www.delphineterrand.fr/
https://www.inspiredbygod.de/

Texte und Bilder von Delphine Terrand, Sabine Salat, Clémentine Grand-Perrin
Deutsches Lektorat: Clémentine Grand-Perrin
Französisches Lektorat: Benoit Morin

Verlag: BoD · Books on Demand GmbH, In de Tarpen 42, 22848 Norderstedt
Druck: Libri Plureos GmbH, Friedensallee 273, 22763 Hamburg

ISBN: 978-3-7693-0533-3

Bibliografische Information der Deutschen Nationalbibliothek:
Die Deutsche Nationalbibliothek verzeichnet diese Publikation in der deutschen Nationalbibliographie; detaillierte bibliografische Daten sind im Internet über http://dnb.dnb.de abrufbar.

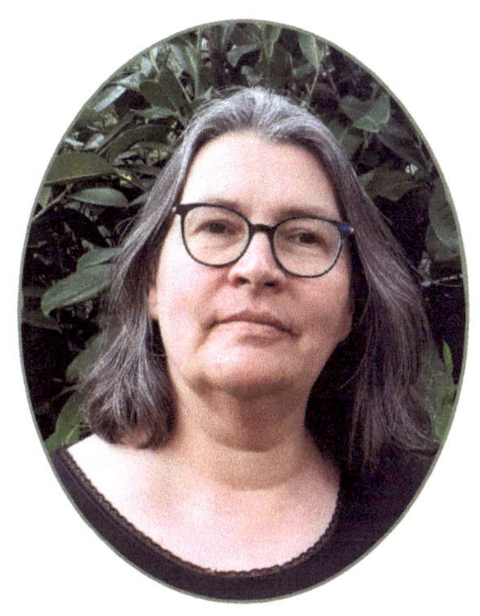

EINLEITUNG

In den folgenden Zeilen möchte ich Ihnen von der Bedeutung der Kunst für mich erzählen.

Ich weiß, dass mich Gott auf diese Erde gesandt hat, ich weiß, dass er mich für die Menschheit hier unten braucht. Ich habe ihr Dinge zu sagen, die sich mir aufdrängen. Dinge, die geschehen und nicht mehr dem ursprünglichen Gottesverständnis entsprechen. Dinge, die selbst Gott widerstreben. Dinge, die von „verlorenen Söhnen" verursacht werden, von Menschen, die glauben, Dinge besser zu wissen und zu können als Er. Dazu gehören auch Wissenschaftler. Vor allem sie. Diesen „Krieg" zwischen Wissenschaftler und Gott gibt es schon lange. Wer's wissen wollte, ließ es darauf ankommen. War es Kain, waren es die ungeduldigen Israeliten bei Moses, der ungläubige Thomas, die Mediziner bei Molière oder Dr. Faust bei Goethe, um nur einige zu zitieren.

In meiner Gnadenzeit, die 2017/18 mit einer unwahrscheinlichen Öffnung durch und für die Natur begann, in der sich meine Empfindungen verfeinerten, sich meine Sensibilität herauskristallisiert hatte, meine Sinne erneut zum Leben erweckt wurden, zu einem neuen, feineren, sensibleren und achtsameren Leben, begann ich aufzugehen, aufzublühen, wie die Blumen selbst im Frühling.
„Es war in mir ein Ros entsprungen…"

Ich erinnerte mich daran, dass ich einst wünschte, wieder auf die Erde zu kommen, um dort die wunderschönen Farben in all ihrer Intensität zu erleben, zu sehen, zu fühlen, die Natur zu riechen, sie in mich aufzunehmen, ein Teil von ihr zu sein und in ihr aufzugehen. Gott hat mir nun dieses Geschenk gegeben. Ich bin hier auf Erden und ich empfinde diese wunderbare Schönheit der Natur. Vieles andere kam noch hinzu. Natürlich hatte das auch seinen Preis und wird ihn auch in Zukunft noch haben. Aber das ist hier nicht das Thema. Mir ist meine „aufklärende" Rolle als Künstler bewusst, denn die Malerei ist wie Dichtung und alle anderen Künste nur ein Mittel zum Zweck.

Mir war vor kurzem auch wieder eingefallen, dass ich kurz vor meiner Geburt Gott gefragt hatte, ob ich wieder malen dürfte – war ich einst ein Maler? - Und jetzt darf ich es wieder! Ich darf es, nicht weil es mir Spaß macht, nicht weil ich ein Sonntagsmaler bin, sondern weil ich es muss. Ich habe das große Bedürfnis, die Schönheit der göttlichen Natur darzustellen, sie den Menschen zu zeigen, die in ihrem schnelllebigen Leben an all diesen schönen Dingen vorbeilaufen, vorbeirasen, ja sie sogar vernichten, ohne sie zu beachten. Ich möchte ihnen diese Auszeit gönnen. Wenn sie sie nicht direkt betrachten und achten können, dann vielleicht doch einmal in Stille, auf einer Leinwand oder auf einem Papier?

Wir sind ein Teil des Ganzen, wir gehören zusammen mit unserer Natur, unserer Welt, Umwelt und unserem Universum. Die Farben sind eine Form von Kraft, es sind Frequenzen, die die Pflanze ausstrahlt, und die zu uns durch das Licht, das Sonnenlicht zurückkommt. Auch wir tragen Frequenzen in uns, strahlen oder verkrümeln uns, sind anderen Menschen Licht oder Plage, ziehen andere Menschen an oder nicht, sie freuen sich mit uns oder nicht. Alles Leben auf unserer Erde ist Frequenz und die Frequenzen suchen sich eine Harmonie, um eine göttliche Sinfonie zu spielen.

Nikola Tesla hatte es schon sehr gut erkannt. Alles hat eine Frequenz: Bäume, Gräser, Wurzeln, Tiere, Vögel, Stimmen, Ausstrahlungen, die Erde, der Himmel, das Wasser, der Wind, das Universum, die Sonne und alles kommuniziert miteinander. Albert Einstein wusste das übrigens auch. Ich merke, ich spreche fast aus der Seele des Heiligen Franziskus in seinem „Cantico delle Creature", dem Sonnengesang.

Ich glaube, wer einmal die Funktionsweise unseres göttlichen Universums durchschaut hat, weil Gott ihm die Augen geöffnet hat, der kann gar nicht anders, als ein Loblied auf diese wunderbare Schöpfung zu singen bzw. es zu malen oder zu dichten.

Seit 2017/18 haben sich allerdings manche Dinge extrem schnell geändert. Es kam die Umweltdramatisierung mit *Fridays for Future, Extinction Rebellion*, ein Umweltmarshallplan der EU wurde erwünscht. Scheinbar haben die amerikanischen Financiers geantwortet. Es kam Covid. War das der Preis dafür? Liefern sie uns eine technologische Antwort auf ein menschliches Problem? Die Covidzeit hätte uns auch die Möglichkeit geben können, sich mit der göttlichen Natur wieder zu vereinen. Kam es vielleicht doch dem einen oder dem anderen in den Sinn? Selten hatte ich einen so schönen Frühling und einen so blauen Himmel gesehen wie damals im Frühling 2020, einer Zeit, in der wir uns in Frankreich nicht mehr als einen Kilometer von unserem Wohnort entfernen durften, Ausgehbescheinigungen ausstellen mussten und kaum einem Menschen in die Quere kommen sollten. Kein Flugzeug flog. Wir sollten wohl sehen, was möglich wäre. Hatte Greta Thunberg nicht Flugscham? Nur unter welchen Bedingungen?

Wir durften nicht einmal mehr die frische Luft einatmen, die uns Gott geschenkt hat, hatten wir doch den schönsten Frühling seit langer Zeit! Wir mussten Masken tragen und unsere natürliche Haut tagtäglich mit Giftgel desinfizieren. Wir mussten uns von unseren Lieben trennen, mindestens 1m50, sogar Parks und Wälder wurden abgesperrt! Ich erkannte sehr schnell eine große Perversion der Schönheit und der Natürlichkeit Gottes, als würden sich jetzt einige an seine Stelle setzen wollen und alles besser wissen wollen als er. Uns von ihm zu trennen, durch Angst vor dem Tod, obwohl uns diese Industrie immer mehr dahin führt: Tabak, Alkohol, Stress, Medikamente, Feindschaften, Krieg … Als wäre es eine Herausforderung Gottes.

Ja, sie können sie haben, ihre Herausforderung. Diese Ausstellung soll eine Antwort darauf sein. Sie muss es sein. Dinge müssen klargestellt werden. Kein Mensch hat das Recht sich an Gottes Platz zu setzen und den natürlichen Menschen und Naturverstand zu verdrehen, denn in der Natur regelt sich alles von selbst, eine falsche Note wird überspielt und von den anderen Sängern und Musikanten verdeckt, ein falscher Pinselstrich von einer anderen Farbe übermalt, ein „Virus" durch ein Immunsystem bekämpft. Dasselbe gilt für die Bekämpfung von sogenannten Umweltproblemen durch Geo-Engineering, Sonnenverdunkelung, um die sommerlichen Temperaturen zu senken. Das ist nicht die Lösung des Problems. Das ist Vertuschung. Genauso wie Medikamente meist nicht die Ursache einer Krankheit bekämpfen, sondern die Symptome. Es geht jetzt aber um die Ursache. Definitiv.

Die göttliche Natur des Eden vor x-Millionen Jahren steht heute noch, zumindest sieht sie teilweile noch so ähnlich aus, auch wenn wir sicher davon nur eine wesentlich reduzierte Form davon kennen! Aurélien Barrau, der französische Ökologe, Astrophysiker und Poet, meiner Ansicht nach etwas zu dystopisch, stellte vor kurzem in einem Vortrag in CentraleSupelec, eine der besten Ingenieurshochschulen Frankreichs die Frage „Brauchen wir noch Ingenieure?" Er sagte zu ihnen ganz klar: „Sie sind nicht die Lösung, Sie sind das Problem!" Ich denke ähnlich.
Zumindest bräuchten wir sie nicht um des „blinden Fortschritts" willen, um für DOW Jones, DAX- oder CAC40-regierten Unternehmen Technologien zu erfinden, nur um einen Finanzwert zu erhalten bzw. „Wert zu schöpfen". Es geht um unser friedliches Zusammenleben, so wie Gott es vor Millionen Jahren vorgesehen hatte, um unser Einssein, Mensch und Natur und Mensch und Mensch. Aber die Sünde trat schon früh in die Welt. Sie zu erkennen liegt nur an jedem einzelnen.

In unsere göttliche Welt und Umwelt wird eindeutig durch Wissenschaft und Technologie, bald auch durch künstliche Intelligenz schon lange eingegriffen: Züchtung – gibt es ja schon seit Urzeiten - von Pflanzen und Tieren, vielleicht auch bald von Menschen? Dünger, um die Produktion zu steigern, Implantate und Chirurgie, um das Leben zu „verlängern" und zu „verschönern" . Alles soll immer besser, immer länger, immer schneller gehen, um schließlich immer schneller dem ja von den selbigen so verteufelten Tod gegenüberzustehen. Menschen werden durch diese Künstlichkeit immer kranker, dicker, fauler, unselbstständiger, je mehr Technologie und Veränderung unserer göttlichen Natur ins Spiel kommt. Die Menschen verlieren sich selbst und stellen sich auf das Fließband des Todes, obwohl sie ihm eigentlich entkommen wollen. Welcher Wert, außer der des heiligen Geldes, wird denn geschöpft, wenn unsere bunte Welt eine schwarz-weiß Welt wird, wenn Früchte wegen mangelnden Sonnenlichts oder mangelnden CO2 nicht mehr wachsen und noch mehr Dünger produziert werden muss? Wann erkennt die Menschheit das Spiel?

Mir ist es wichtig, den Menschen die Augen zu öffnen! Sowohl für die scheinbar noch bestehenden Güter Gottes, – zwei Drittel haben wir wohl schon aufgrund der Industrialisierung durch unsere vorhergehenden Generationen versäumt zu bewundern – als auch für die Gefahr, durch menschliche Besserwisserei, sprich Wissenschaft und Technologie, in dieses harmonierende Ökosystem, diese göttliche Symphonie, einzugreifen.
Es wird Zeit, dass diese Eingriffe ein Ende haben und die göttliche Natur wieder geehrt wird, anstelle von Stars, Ikonen und menschengemachten Konsumprodukten. Ich bin kein Freund von Aktivisten jeglicher Art, aber noch weniger bin ich ein Freund von Gotteslästern, auch wenn das neuerdings im Namen der neoliberalen, kapitalistischen oder sozialistischen Freiheit erlaubt sei. Das sollten Sie wissen, denn die Ehre Gottes' Werks ist die notwendige Grundlage zum Verständnis meiner Bilder – und ehrlich gesagt auch zum Verständnis der Welt.

In einer Zeit, in der Wissenschaft so hochgeschrieben wird, arbeite ich natürlich auch nur wissenschaftlich, also empirisch, durch Erfahrung und Beobachtung der Natur. Keines meiner Bilder ist Fiktion oder noch schlimmer: KI. Alle Bilder beruhen auf Fotografien, die ich mit meinem „alten Kinderhandy" oder einem minimaistischen Fotoapparat im Vorbeiziehen an dieser Welt und im Leben in ihr von ihr mitnehmen durfte. Natürlich ist Fotografie nicht dasselbe wie der Blick mit dem eigenen Auge. Natürlich ist der Blick mit dem eigenen Auge nicht derselbe, wie der eines Freundes oder eines Nachbarn. Natürlich ist der Blickwinkel ausschlaggebend. Ja, alles ist subjektiv.
Aber ein Minimum an Blick in unsere heutige Natur dürfe jedem Menschen ähnliche Bilder an die Netzhaut des Auges werfen. Denn sie ist, wie sie ist, auch aus unterschiedlichen Perspektiven. Es genügt, die Augen zu öffnen. Schon vor langer Zeit sagte man uns „Wer Augen hat, der sehe!" Also seien Sie wachsam!

Ich wünsche Ihnen in dieser Ausstellung, die Sie hoffentlich mit viel Zeit, Muse und Kontemplation für das Schöne besuchen,viele und tiefe Gedanken im Hinblick auf Ihren eigenen Umgang mit der Natur und ihrem direkten und indirekten Umfeld.

Ebenso wünsche ich Ihnen persönlich, vielleicht wenn Sie wieder zu Hause sind und über diese Bilder nachgedacht haben, das Bewusstwerden, in welches menschengemachte Unternehmen Sie wirklich Ihre Lebenszeit investieren.

Arbeiten Sie für oder gegen Gott?
Wem wollen Sie wirklich dienen?

Denn wenn Sie einmal den womöglich falschen Weg in ihrem Leben entdeckt haben, dann ist der richtige nicht mehr weit entfernt. Es ist der andere. Auch wenn der Schritt gewagt sein mag. Aber der Mut dazu lohnt sich.

Das Leben ist ernst. Für uns alle.
Sabine Salat

The Day After

Das Bedürfnis des Aufschreis drängt sich mir immer mehr auf. Auch nur einen Tag nach der Niederschrift dieser Einleitung ist es passiert:

Die wilde, blühende Natur vor meinem Fenster wurde von „Gärtnern“ einfach niedergerissen, abgemäht. 90% des Lebensraumes von Insekten, Schnecken und sogar Meisen wurde vernichtet. Weil sie als Privatfirma dazu beauftragt wurden, und für Geld heutzutage alles gemacht wird. Schließlich kann man sich alles kaufen. Wer entscheidet, was schön ist? Unsere Verwalter?! Also noch einmal: überlegen Sie, für wen Sie arbeiten. SIE orientieren die Wirtschaft und unsere Welt, indem Sie ja oder nein zu Angeboten sagen. Natürlich ist es ein Risiko, nein zu sagen. Vielleicht ist dieser Krieg gerade dazu da, Ihnen nicht mehr die Wahl zu lassen, außer Ja zu Gott und seiner heiligen Natur zu sagen, wenn diese Wirtschaft von anderen neu organisiert wird.

Durch diese Naturrasur wurden heute von nichtdenkenden, geldbebürftigen Menschen 90% des Lebensraumes dieser Kleintiere vernichtet, in Mülltüten gepackt und weggebracht. Und die Tiere mit dazu.

Am gleichen Tag brannte die Spitze der Kathedrale von Rouen! Oh Monet, wie sehr würde dein Herz bluten! Nachdem Notre-Dame brannte, Nantes, nun Rouen. Wann brennt Reims, wann brennt Köln? Brauchst es nur noch diesen einen Schritt? Auch Gott grämt es – und Notre Dame, die Gottesmutter Maria!

Wann erwacht die Menschheit aus ihrer Lethargie, aus ihrer fehlenden Souveränität und Verantwortung?

Heute empöre ich mich, wie Stephane Hessel uns aufrief, ich wage es, meine Verantwortung zu übernehmen, denn es gibt nichts Schlimmeres als Gleichgültigkeit.
Es gilt, immer wachsam und achtsam zu sein, wie es auch Reinhard Mey schon besang. Ja, es gibt Tage, an denen bin ich sehr verzweifelt. Ich kann nichts dagegen tun, außer immer wieder mein Leben neu auszurichten. Auf Gott und niemanden anderen. Nicht einmal auf mich selbst.
Deshalb möchte ich die Welt durch Schönes erstaunen. Nicht Schönes von mir, sondern Schönes von Gott, denn er kann das besser als ich.

Gif-sur-Yvette, den 11.07.2024

Wie ich zum Künstler wurde?

Es war wohl Gnade, die mir half, mich 2017/18 wieder an meinen Ursprung zu erinnern, an meine Kindheit, in der ich schon gern malte, zeichnete und dichtete. Seitens der piktoralen Kunst hielt dies bis zum Abitur, Kunst Leistungskurs inklusive, dann sagte man mir, Kunst sei ein brotloses Geschäft... Es ist eigentlich gar kein Geschäft für mich.

Die Kreativität, die Notwendikeit und meine Erfahrung brachte mich zur multimedialen Lernsoftwaregestaltung, vielleicht sagen Ihnen die Marken ADI (ADDY) und ABIBOU (ADDY Junior) etwas. Das war ich. Zumindest für den deutschen Markt.

Nach ähnlichen Erfahrungen in der multimedialen Erwachsenenbildung habe ich mich zunächst auf das Lehramt Deutsch als Fremdsprache fokalisiert, nachdem der Online-Markt verrückt gespielt hatte. Eine Rückbesinnung auf menschliche Werte hin und wieder tut wirklich gut und lässt einen wieder den rechten Weg finden. Trotzdem haben mich persönliche und wirtschaftliche Irrwege in eine «Hölle» getrieben, aus der ich nur durch die Gnade Gottes wieder herausfinden konnte. Und sie kam.

Über 1000 Gedichte wurden mir ins Ohr geflüstert. Davon habe ich bisher vielleicht 20% unter der Reihe «Als Gott mal zu mir kam...» veröffentlicht. Der Rest kommt auch noch, versprochen. Bilder und Visionen assoziierten sich dieser Gedichtsoffenbarung. So kam es 2020/21 zu meiner ersten Ausstellung «Entfaltung/ éclosion» hier im selben Gemeindehaus. Ich malte Bilder meiner christlichen Lebensentwicklung, an der es noch einiges zu verbessern gab. Aber ich hatte die Herrlichkeit erreicht! Wohl genau deshalb. Weil das Leiden und das «Todsein» dauert, «bis er kommt in Herrlichkeit»! Sie kam sowohl in meinem Leben, als auch dichterisch und piktoral. Was kann man denn noch mehr wünschen? Im Anschluss daran versuchte ich, meine Bilder und Gedichte etwas bekannt zu machen, aber mir fehlte die Zeit. Schließlich unterrichte ich auch, um mein Brot zu verdienen :-)

Ich nahm 2021 an einem Malwettbewerb in Méréville teil, wo ich den 2. Preis gewann, den Preis der Kreativität. Dann nahm ich an der Ausstellung «Le Musée dans la Rue» in Saint-Chéron teil. Inzwischen veröffentlichte ich meine vier Bücher in deutscher Sprache, zwei davon sind ins Französische übersetzt. Und nun habe ich die Freude, Ihnen die Ausstellung über die Schönheit Gottes' Werke zu präsentieren, denn die Natur ist unser Ursprung. Das sollten wir nicht vergessen. Und ER kann es besser als wir. Besser als egal welcher Künstler. Um das aufzuzeigen, schenkte er mir meine Gaben, für die ich sehr dankbar bin.

„Die Kunst (…) ist die weiteste, unbescheidenere Liebe. Sie ist die Liebe Gottes; Sie darf nicht bei den einzelnen stehen bleiben, der nur Pforte des Lebens ist. Sie muss ihn durchwandern. Sie darf nicht müde werden. Um sich zu erfüllen, muss sie dort wirken, wo Alle – Einer sind. Wenn sie dann diesen Einen beschenkt, kommt grenzenloser Reichtum über alle.“

Rainer-Maria Rilke

Einen herzlichen Dank an die Katholische Gemeinde Paris, mitten unter Ihnen diese Liebe für Gott und das Göttliche (mit-)teilen zu dürfen.

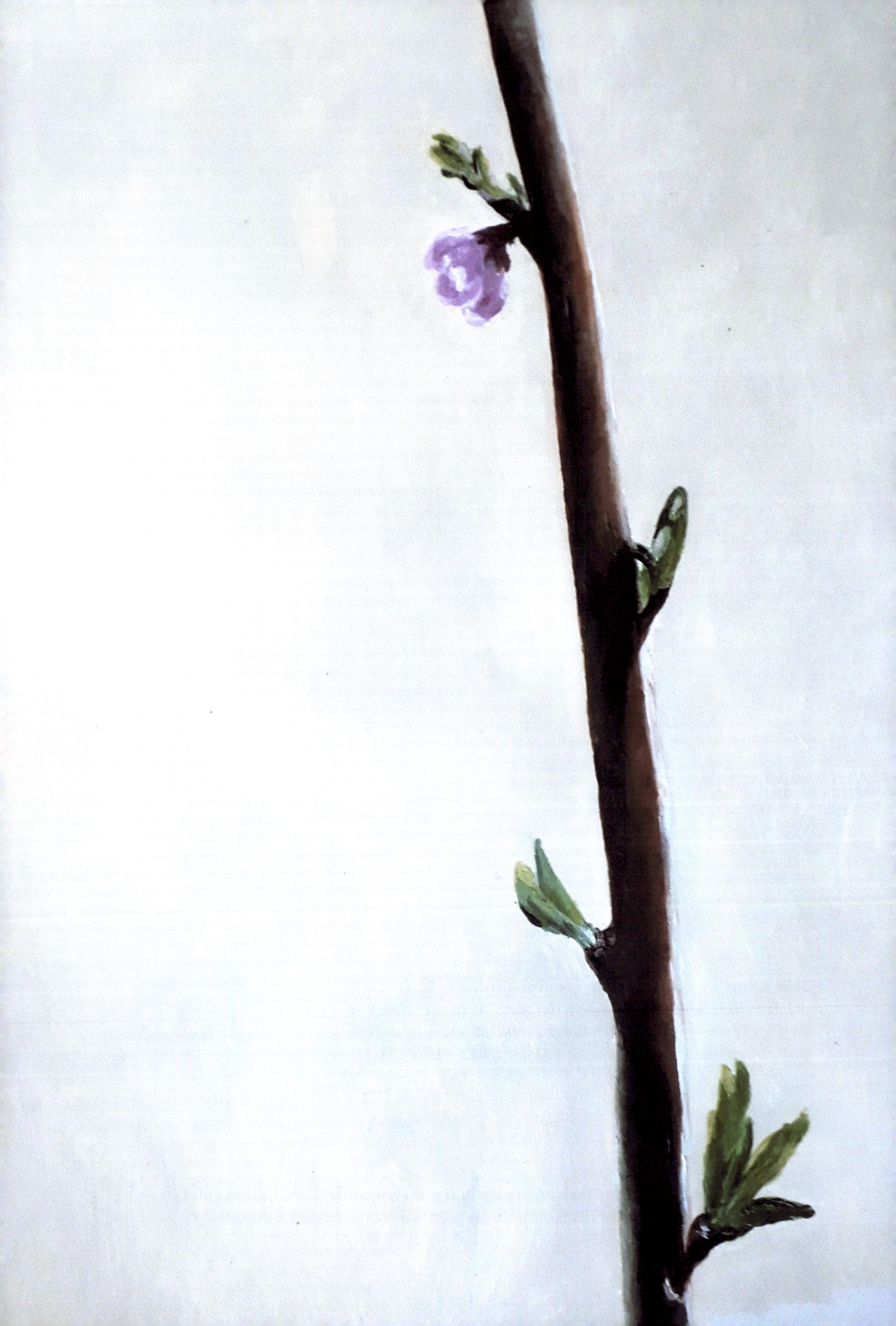

Cérisier à La Défense

La Défense ist ein enormes Geschäftsviertel, ähnlich wie Manhattan, westlich von Paris. Ich musste dort einmal an einer Fortbildung teilnehmen. Zu Mittag sollten wir uns draußen etwas zu Essen holen. Ich musste mich also unter diese Menschenmenge begeben, die zur gleichen Zeit aus den Türmen strömte, um sich in einer Bäckerei ein Sandwich oder einen Salat zu kaufen. Die Kunden wurden abgefertigt wie Vieh. Wer etwas mehr Geld hatte, konnte in ein Restaurant gehen, wo Lärm, Stress und die Gespräche der Nachbarn auf einen so sehr eindrängten, dass sie die stärkste Konzentation auf seine eigenen Gedanken übertrafen. Selbst die Bedienung musste sich dagegen abschirmen. In diesem Viertel gibt es vor allem eines: Beton. Okay, auch Stahl und Glas. Auf dem Rückweg aus dem Restaurant lief ich über einen weiten Platz, an dessen Rand einige Kirschbäume standen, die gerade zu blühen begannen. Sie erschienen mir sehr verloren, fehl am Platz mitten in diesem Beton. Ich verspürte so etwas wie Mitleid. Aber ich spürte auch, dass ihre Gegenwart etwas Fröhlichkeit in dieses Viertel bringen sollte, wo einzig und allein technische und finanzielle Probleme die Köpfe beschäftigen. Ich näherte mich ihnen und ich erkannte ihre Schönheit. Die ersten Triebe sprossen. Es ist unglaublich, was daraus noch werden sollte. Diese Kraft in den Bäumen, ihr Wille zu wachsen, zu strahlen, in aller Pracht zu leuchten, um die verlorene Welt etwas aufzuheitern, hat mich angezogen. Ich musste sie aus der Nähe betrachten. Es ist ihre unglaubliche Hingabe, ihre Kleinheit und Verlorenheit und ihre Unbeachtetheit, die mich faszinierte und gleichzeitig betrübte. Wohl wollte ich ihren Wert durch dieses Gemälde erhöhen und sie über all diese Türme in La Defense stellen.

*Avec **le Cerisier à La Défense,** l'artiste Sabine Salat a voulu mettre en lumière un fragment de douceur contrastant avec la froideur et le monotone si caractéristique du quartier de la Défense. C'est le courage et l'ambition de cette petite branche qui ne se soucie que de grandir qui a attiré son attention. Un petit coin de couleur dans un quartier gris et bétonné qui est bien plus impressionnant que les hauts immeubles en verre, malgré sa petite taille et son insignifiance au premier regard.*
Si simple et insouciante des problèmes du quotidien, la branche du cerisier ne se préoccupe pas des retards, des dossiers, des clients, ce sont des mots qu'elle ne connait guère et ici est toute sa beauté et sa pureté. Elle présente alors un exemple à suivre : Se détacher des problèmes superficiels de la vie quotidienne pour se demander ce qui compte réellement, une question que l'artiste vous invite à vous poser également.

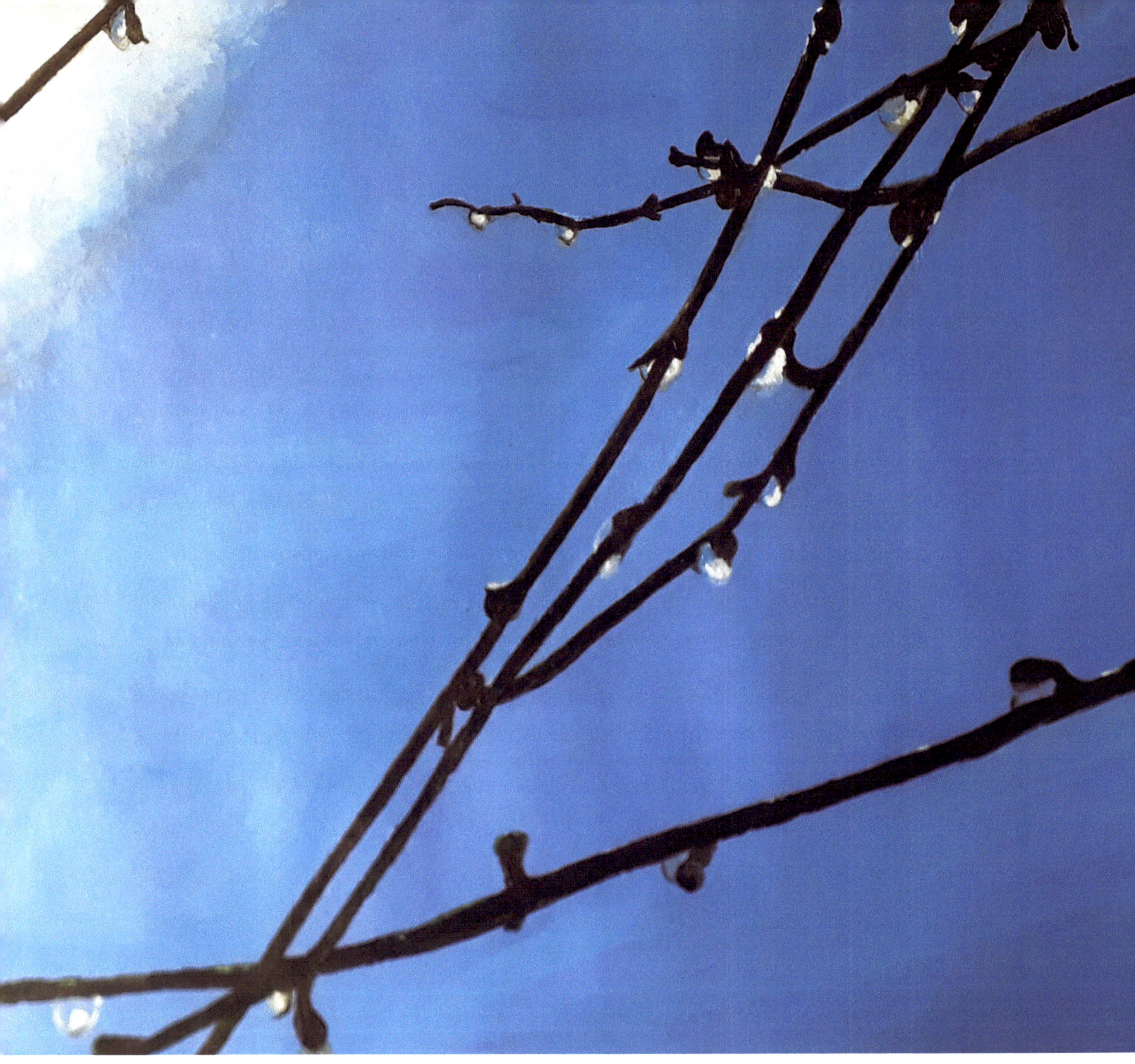

Ich gleiche einem Baum, der seine Wurzeln zum Wasser streckt; auf seine Zweige legt sich nachts der Tau.
(Jb 29,19)

Vers les eaux mes racines s'étirent, la rosée se dépose la nuit sur mes rameaux.

Vous avez peut-être déjà pris le temps d'admirer la rosée du matin et si ce n'est pas le cas, Sabine Salat l'a fait pour vous et vous donne ici un aperçu de son expérience. Observez ces gouttes d'eau qui avec persévérance et détermination, s'accrochent aux branches comme si leur vie en dépendait. Défaites de leur parure par l'hiver ces longues tiges portent ces gouttes d'eau comme des fruits printaniers qui avec toute la force dont ils disposent malgré leur petitesse, s'accrochent aux branches nues. Cette peinture qui semble au premier abord être faite uniquement de bleu, de blanc et de marron, est en réalité une collection de multiples nuances de couleurs, peut-être infimes mais bien présentes. Il s'agit alors ici d'une invitation à admirer les détails que la nature a à nous offrir, les leçons qu'elle a à nous apprendre, car comme la goutte de rosée nous cherchons à nous accrocher pendant l'hiver jusqu'à l'arrivée du printemps. De quoi en prendre de la graine.

Morgentau

(Rosée Matinale)

Es war noch, bevor der Frühling begann. Es war an einem Morgen. Es war schönes Wetter, aber es war kalt. Ich ging in einen Garten, wo ein Kirschbaum stand (Ja,schon wieder!). Ich betrachtete ihn, stehend in der Kälte. Es sah aus, als würde er weinen, doch hatte er zu trinken. Seine kahlen, blätterlosen Äste trugen Wassertropfen an den Knospen, als wären es seine Früchte. Wie Palmkätzchen schmiegten sich die Wassertropfen in die Winkel der sprießenden Knospen. Wassertropfen sind außergewöhnliche Gebilde. Sie sind eins und doch allein, sie sind verbunden, ohne zu zerfallen und wenn sie doch zerfallen, dann in eine größere Menge Wasser. Oder aber die Erde trinkt sie. Sie halten sich fest und wollen nicht fallen. Und doch haben sie keine Hände. Vielleicht sind sie gar festgefroren? Warum an der Stelle von Knospen? Bieten sie Halt? Was hält sie?

Auch die reine Geradlinigkeit in der Natur ist mir aufgefallen. Es gibt eigentlich keine gerade Linie an sich in der Natur, die gerade Linie ist die kürzeste mathematische Strecke, die sich ein Mensch vorstellen kann, doch sind die Äste, wie sie auf dem Baum wachsen, so glatt und gerade, dass sie ein Maler nicht ohne Lineal malen könnte. Und welche Farbe doch der Himmel hat! Er ist nicht weiß und ist nicht blau, ein bisschen grau, doch verwende ich ein Malerblau, noch ist es bei weitem nicht das Gesehene. Es war ein bisschen lila, ein Rot-Ton, Violett, es musste hinzu, auch ein Grauton. Und doch war jeder Pinselstrich ein anderes Blau! Gott lässt sich nicht kopieren, es gibt unzählige Blaus wie es unzählige Farben gibt, vermischt man die eine mit der anderen und fügt 1g mehr hinzu, ist sie bereits anders. Es gibt mehr Farben als Zahlen. Denn jede Farbe an sich gemischt mit einer anderen ist eine neue Farbe. Sie ist bereits eine Summe oder ein Produkt. Doch sie ist und zählt als einzelne. Die gemischte Farbe mit einer neuen anderen Farbe und die Gemischte mit der Gemischten ergeben ebenso wieder eine Neue. Es gibt mehr als unendlich viele Farben. Nach vielem Mischen entspricht doch dieses Blau dem Himmel, den ich damals gesehen hatte, auch wenn er durch weiße Schlieren, wahrscheinlich menschengemachte, leicht durchzogen war.

Und die Äste... Sind sie schwarz, dunkelbraun, hellbraun, hellgrün, oder gar weiß? Ein ganz genaues Betrachten der Dinge verrät es uns, und doch hängt alles von der Perspektive ab. Vielleicht sähen Sie noch andere Farben?

Wichtig war mir hier der Tropfen des Taus an den Ästen, ihre Stärke, die Ausdauer des Baumes im Winter, die Sehnsucht nach Wasser und Kraft für den Frühling und Sommer. Sind wir nicht auch wie der Baum?

Goldener November

Dieser Eindruck stammte aus 2018. Ein wunderschöner Novembertag in Dourdan, ein kleiner netter Ort südwestlich von Paris. Oft sind Ende November schon die meisten Blätter abgefallen. Doch diese Birken behielten sie noch lange, wollten noch lange ihre goldene Pracht beweisen. Mich beeindruckten das Gelb, das Goldgelb, die verschiedensten Variationen des Gelbs. Und die Birken – welche Farben haben eigentlich Birkenstämme? Schwarz-weiß? Nein, braun, grau, beige und doch ein bisschen schwarz und weiß. Wir dürfen beim Hinsehen nicht vereinfachen, wenn das Wesen an sich so reich ist!

Mir gefiel auch die Interaktion zwischen diesen Bäumen. Unter der Erde gemeinsam verwurzelt, gemeinsam groß geworden, erwachsen, wie Geschwister, die demselben Nährvater Erde entstammen und gemeinsam Reigen tanzen, spielen, singen oder einfach kommunizieren. Wie die Äste sich verzweigen! Sie streben nach oben oder zur Seite, manchmal auch nach unten, das ist aber selten. Sie biegen sich, um nach oben zu gelangen. Wie wenig tun wir Menschen dies. Es sei denn wir wollen weltlichen Erfolg. Kleine Äste streben nach oben und werden stark, wenn sie durch das Sonnenlicht wachsen dürfen, wenn sie durch die Erde und den Stamm bereichert werden. Manche, schwache hängen nach unten, als würden sie auf die aufstrebenden warten. Manche aufstrebenden Äste scheinen den herabhängenden die Hände reichen zu wollen, um ihnen zu sagen: halte dich an mir fest, ich ziehe dich nach oben. *Je t'élève. Tu seras mon élève.* Hochziehen. Erziehen. Vielleicht stehen sie auch einfach ganz still und schweigen. Wachsen dahin, wo sie Platz finden und nehmen ihn an, ohne zu unterschieden, ohne eifersüchtig auf den anderen Ast zu sein. Wahrscheinlich denke ich viel zu menschlich, expressiv. Sie stehen einfach da und akzeptieren in aller Demut, was um sie herum geschieht.

Gilt, was für Pflanzen gilt, auch für Menschen? Dann müssten sie unsere größten Vorbilder sein! In Stille schweigen und stehen, sich im Winde drehen und doch fest verankert im nahrhaften Boden bleiben. Doch welchen Boden gibt man uns heute als Nahrung?

Nichts, was von außen in den Menschen hineinkommt, kann ihn unrein machen, sondern was aus dem Menschen herauskommt, das macht ihn unrein. *(Markus, 7, 15-16)*

Was sie vernehmen, dürfte ihnen egal sein. Sie richten nicht, sie arbeiten nicht, sie machen sich keine Sorgen. Welch Vorbild! Dabei denke ich natürlich gleich an die „Lilien auf dem Felde“:

Lernt von den Lilien, die auf dem Feld wachsen: Sie arbeiten nicht und spinnen nicht. Doch ich sage euch: Selbst Salomo war in all seiner Pracht nicht gekleidet wie eine von ihnen.“ *(Mt 6,29).*

Der innere Friede, die Seelenruhe, bringt äußere Schönheit. Wir dürfen die Natur betrachten, wie Jesus sie betrachtet hat. So zu werden wie sie, lehrte er uns. In aller Schönheit einfach sein, in aller Einfachheit schön. Da sein. Frei und sorglos. Leuchten vor Glück und göttlicher Freude da sein zu dürfen. Einfach so. Ohne zu fordern. Ohne zu erwarten. Apprécier. In göttlicher Verbundenheit.

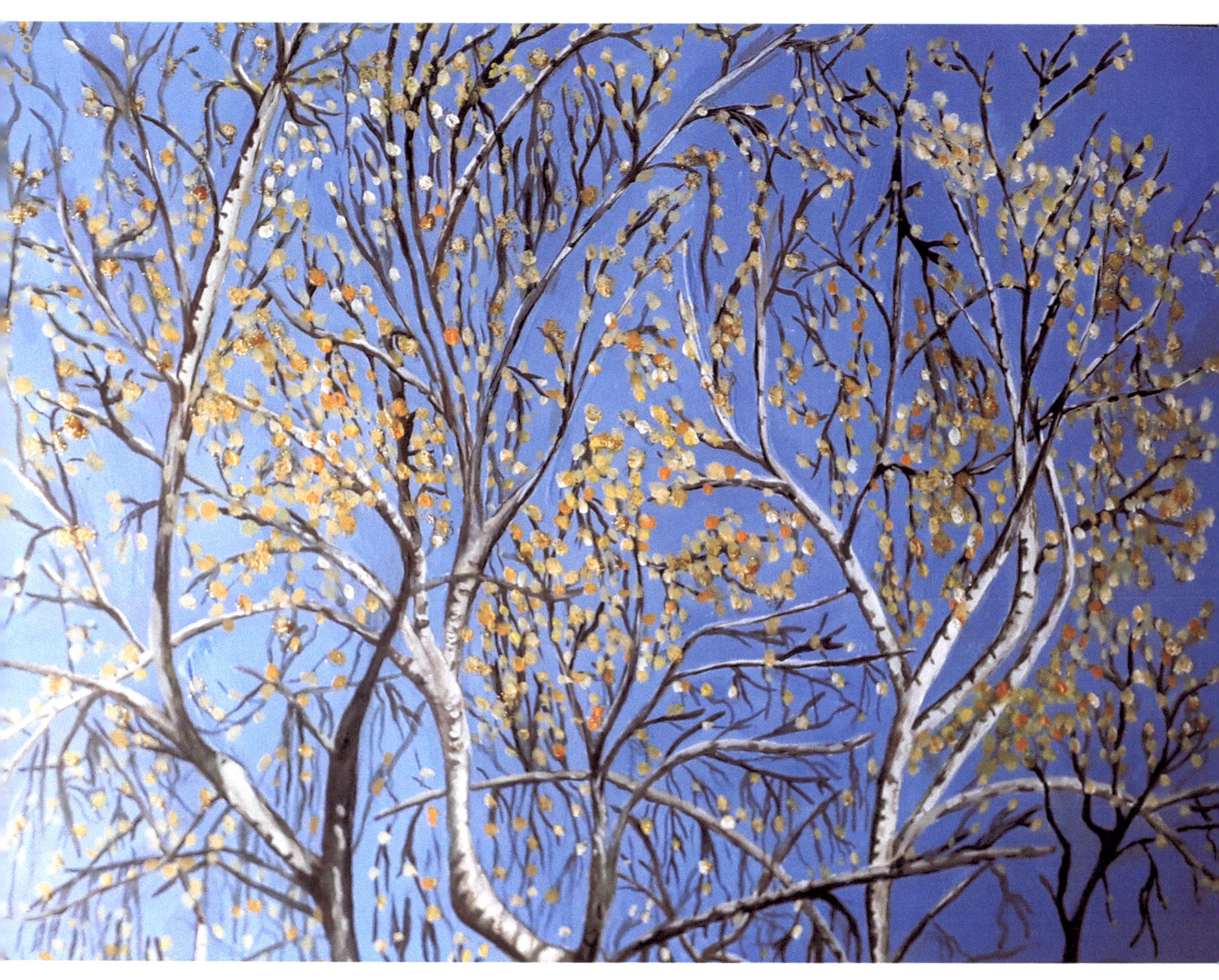

Des bouleaux et un jour d'automne, voilà le cadre de ***Goldener November.*** Ici, les arbres mettent leurs plus beaux vêtements d'or pour s'élever dans le ciel de novembre. Imaginez maintenant un instant les racines sous la terre, toutes reliées les unes aux autres, ancrées dans le sol, contrairement aux Hommes qui se perdent dans des détails superficiels. Impressionnée par l'orange et or des feuilles et la solidarité entre ces bouleaux, l'artiste a été inspirée par ces arbres si forts et puissants et pourtant si modestes et silencieux.

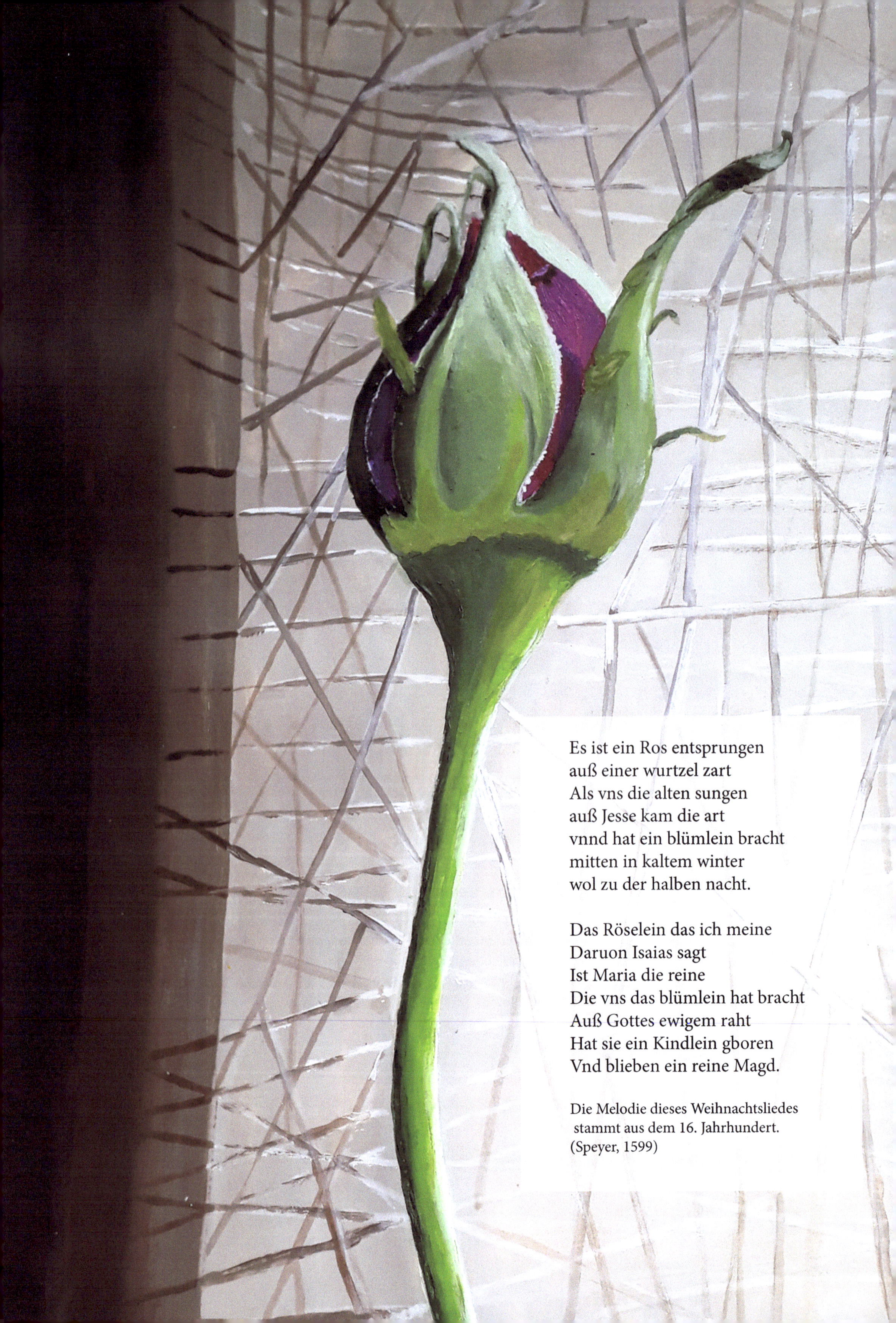

Es ist ein Ros entsprungen
auß einer wurtzel zart
Als vns die alten sungen
auß Jesse kam die art
vnnd hat ein blümlein bracht
mitten in kaltem winter
wol zu der halben nacht.

Das Röselein das ich meine
Daruon Isaias sagt
Ist Maria die reine
Die vns das blümlein hat bracht
Auß Gottes ewigem raht
Hat sie ein Kindlein gboren
Vnd blieben ein reine Magd.

Die Melodie dieses Weihnachtsliedes
stammt aus dem 16. Jahrhundert.
(Speyer, 1599)

Es ist ein Ros' entsprungen

Diese Rose hat eine lange Geschichte. Sie stammt aus 2017/18, meiner Gnadenzeit, als mich die göttliche Liebe verwandelte. Ich kaufte zwei Rosen, um ein Gedicht zu illustrieren, ließ sie in ihrem Glas stehen, und kümmerte mich auch nicht mehr darum, bis das Wasser ausgetrocknet war und die Rose unten eine Knolle gebildet hatte. So gab ich ihr wieder Wasser und fügte Erde hinzu. Ich pflanzte sie in einen Topf und eine neue Rose entsprang! Sie lebt heute noch. In diesem Stadion war sie etwa 15 cm hoch, die Knospe vielleicht 2 ou 3 cm groß. Diese Rose ist die Königin aller Blumen. Sie duftet, sie entfaltet sich, ihr Wachstum ist eine ewige Ausbreitung ihres Kleides aus dem Innen heraus.

Der starke Kelch und die damit verbundenen Kelchblätter stützen sie, bieten ihr ein Nest, damit sie sich in aller Pracht entfalten kann. Alle Menschen müssten sich derart entfalten können. Nichts und niemand dürfte sie davon abhalten. So wäre das Paradies sicher wieder hergestellt.

Diese Rose ist ein Symbol unserer ewiglichen Entwicklung. Entstanden aus dem Nichts, aus einer toten Pflanze, genährt zog sie noch Kraft auf der alten und aus dem frischen Boden, dem neuen Wasser. Ein grüner Stengel spross hervor. An ihrem Ende bildete sich eine grüne Knospe. Sie vergrößerte sich, sie ließ etwas in sich wachsen, sie ließ es zu wie jede Mutter, die Knospe öffnete sich, erste Teile der Blüte wurden sichtbar, weinrote Blütenblätter traten zum Vorschein, ja es kommt noch etwas, etwas viel Schöneres als wir zum Zeitpunkt T sehen und vielleicht gar nicht beachten. Ihre Entwicklung schreitet voran, sie endet nicht. Nicht einmal im Tod, da sie von vorne wieder beginnen kann, wie sie es selbst bewiesen hat.

Alles Leben ist Genesis. Entwicklung. Werden. Alles Schöne und Gute entwickelt sich und wird nur durch einen guten Boden und eine gute Pflege. Das gilt auch für uns Menschen.

Warum dieser Titel? In Jesaia 11,1 steht: „Doch aus dem Baumstumpf Isais wächst ein Reis hervor, ein junger Trieb aus seinen Wurzeln bringt Frucht". Jungfräulich entstand auch die Knospe in Maria. So kann es uns auch geschehen, wenn wir nur glauben. Wenn wir im Dunklen irren, mitten in unserer alleigenen Nacht.

Man erkennt hier auf den ersten Blick eine starke Diskrepanz zwischen einem relativ monotonen und einfachen Hintergrund, einem Vorhang, und der Rose in kräftigen Farben im Vordergrund. Der Hintergrund ist linear, geometrisch gestaltet, der Vordergrund geschwungen und rundlich. Der Vorhang repräsentiert das Weltliche, das Menschengemachte, die Rose das Natürliche, das Göttliche. Sie schlängelt sich empor, entwickelt sich wie eine göttliche Welle ohne menschlichen Eingriff und steht, stramm in ihrer höchstpersönlichen Überzeugung und Eigenart, auch wenn sie noch so jung ist. Sie ist. Und wird noch.

Kampf zwischen Hell und Dunkel

Die junge Pflanze, die in die Höhe sprießt, ist noch hell, ihr Stengel noch zart. Je höher sie wächst, desto dunkler wird sie. Aber auch desto stärker. Würde der grüne starke Stengel eine hohe, aufgeblühte Rose halten können? Nein, er wird braun und hart, Dornen wachsen daran, um die Rose zu schützen. Doch fällt Licht auf sie, von rechts, von oben! Das Dunkle muss also heller werden, obwohl es gerade dunkel wird. Der Kampf zwischen hellgrün und dunkelgrün, hellrot und dunkelrot, Licht und Schatten kann lange dauern. Mehrere Tage saß ich daran, um das Gleichgewicht zu finden. Mal war es zu hell, mal zu dunkel, mal zu eintönig in die eine Richtung, mal zu eintönig in die andere. So ist es auch in unserem gesellschaftlichen Leben. Der Friede zwischen zwei Menschen, zwei Gruppen, die versuchen, zusammen zu harmonisieren ist nur möglich, wenn sich beide so akzeptieren wie sie sind, und jeder am Rande seine Möglichkeiten das Zugeständnis macht, das ihm möglich ist, um nicht zu viel des Guten und nicht zu viel des Bösen zu nehmen. Die goldene Mitte. Nicht mehr und nicht weniger. Das Ganze bleibt so in Harmonie. Die Rose ist das Symbol des Friedens. Nicht die olympische Fackel, der sie ähnelt.

War nicht ER, der Gekreuzigte, die Rose, den Kranz auf seinem Kopf erdrückt durch des Menschen Leid, der vor sich kreuzenden Balken in stürmischen Zeiten leuchtete, wie diese Rose? Rose zu sein ist ein Risiko. Mit einer Rose umzugehen, auch.

Les Calendulas d'Anne

Delphine hatte mich zu einem Blumenmalatelier in Chatignonville eingeladen. Das liegt am südlichen Ende der Ile-de-France, am Rande der Region Eure-et-Loir. Ein hundert Jahre alter Bauernhof in einem Dorf, angrenzend an Felder verschiedenster Art, die hin und wieder mit neumodischen Windkraftanlagen bestickt waren. Anne hat sich dort einen Teil eines Feldes reserviert, um einen Blumengarten anzulegen. Eine wunderbare Vielfalt an Blumen aller Art wächst dort. Ich kann sie gar nicht aufzählen, ich kenne von manchen nur den französischen Namen, von manchen den deutschen, und manche Blumen kenne ich nur vom Sehen her, wer lernt denn heute noch Blumennamen! Und was wissen wir über ihre heilende Wirkung?! Nicht viel… ! So schade… Hatte doch Gott dem Menschen aufgetragen, allen Lebewesen Namen zu geben! Nicht mal diese merken wir uns.

Ich erkannte Disteln, schöne Disteln mit violetten Kugelköpfen, bestickt mit Pinselschwänzchen, Oeillets, Vergissmeinnicht, Tulpen, Nelken. Ich blieb bei den feurigen „Calendula" stehen. Ringelblumen heißen sie auf Deutsch. Das musste ich jetzt erst noch nachprüfen, ich schäme mich.

Diese Ringelblumen waren meine künstlerische Herausforderung. Zum Malen war ich es gewohnt, die Bildfläche zu strukturieren, die Inhalte aufzuteilen. So platzierte ich zunächst die Blütenköpfe. Dann wollte ich ins Detail gehen. Doch diese Blumen tragen vielschichtige Blütenblätterkränze um ihren Mittelpunkt herum. Ihre Köpfe neigen sich in alle Richtungen. Das Hellgelb, Dunkelgelb, Orange, Rot und Braun schimmerte in alle Richtungen, schnell war ich in der Vielfalt der Details verloren! Und so viel Geduld, um jedes einzelne Blatt zu setzen und sprießen zu lassen, wie Gott sie hat, habe ich nun wirklich nicht. Manchmal brauche ich dann, nach 2 oder 3 Stunden Malen, wieder eine Pause, um vielleicht die Dinge anders zu sehen.

Am nächsten Tag malte ich weiter, alle Blumen waren nun gelb, orange, rot. Doch sahen sie aus wie ein Wasserfarbenbild einer 10-jährigen! Einzelheiten waren nicht mehr sichtbar, also stellte ich mir die Frage, ob ich eher flächig malen sollte, um die Farben durch Farbflecken hervorzuheben. Doch so waren die Blüten noch verwässerter. Der Kontrast war nun definitiv aufgelöst. Die Blüten sahen aus wie runde Hawaii-Toast-Scheiben mit Ketchup. Ich war einfach nicht für Blumenensembles gemacht. Entweder einzelne Details oder Eindrücke eines Ensembles. Oder aber Symbolisches. Ich muss mehr Freiheit finden, mehr Freiheit wagen. Erkennt man denn noch Gottes wunderbare Natur? Male ich etwas anderes, als das was ich sehe, werde ich dann nicht Schöpfer anstelle des Schöpfers? Oder ist das unser Auftrag, das Schöne zu zeigen, egal wie detailliert? Was war schön an diesen Ringelblumen, als ich vor ihnen stand? War es nicht ihre feurige Farbe, ihr Leuchten? Ihre Details waren es nicht. Ja, sie leuchteten! Es muss also die Farbe, das Licht hervortreten, der Rest ist unbedeutend. Ihre Haltung, die Stängel, die sie tragen sind ein wichtiges Accesseoire, aber eben nur ein Accesseoire.

Nach vier Tagen schwerer Arbeit (Farbmischungen, Aufhellungen, Verdunkelungen, Pinseltests, harte oder weiche, breite oder schmale habe ich schließlich dieses Bild aufgeben und mich für einen Neuanfang entschieden. Auf Leinwand diesesmal, auf sauberem Hintergrund. Auf die braune jungfräuliche Erde werde ich sie werfen, die Blüten, und an ihre Stängel aufhängen, damit die in den Himmel hinauf baumeln, als hätte sie der beste Gärtner für Gott geschaffen. Zuwinken sollen sie ihm, ihm zulachen, ihm Freude bereiten, es soll ihm ein Beweis sein, wie sehr wir seine Natur schätzen. Wie sehr wir sie lieben, weil auch er sich Mühe gegeben hat, sie uns hinzustellen. Für uns. Ein Blumenchaos für unser Menschenchaos. Damit auch wir Gärtner werden und in diesem Chaos Ordnung schaffen, aufräumen, alle Dinge an ihren richtigen Platz setzen ohne sie auseinanderzureißen, sie dort gedeihen lassen, wo sie ihre Lebensaufgabe hinführt. Doch diese muss man erkennen. Selbst. Oder der Gärtner. Der Gärtner stellt sie schön ins Licht und pflegt sie. Er entfernt das Unkraut, das sie umgibt, hält Schädliches fern.

Der Maler ist ein Gärtner. Eines wird nach dem anderen angesät, nachdem die gute Erde erkannt wurde. Erst was sich ähnelt, dann das nächste, was sich ähnelt, und dann noch mal das nächste, so wie Gott die Welt erschuf. Dann war es gut. Alle einer Art sind sich ähnlich und doch unterschiedlich. Sie vermischen sich und stammen doch vom Einen. Sie stehen bunt nebeneinander. Nur verschiedene Arten vermischen sich nicht. Kein Vergissmeinnicht käme auf die Idee, plötzlich einer halbe Ringelblume werden zu wollen. Denn sie sind beide schön, an sich,

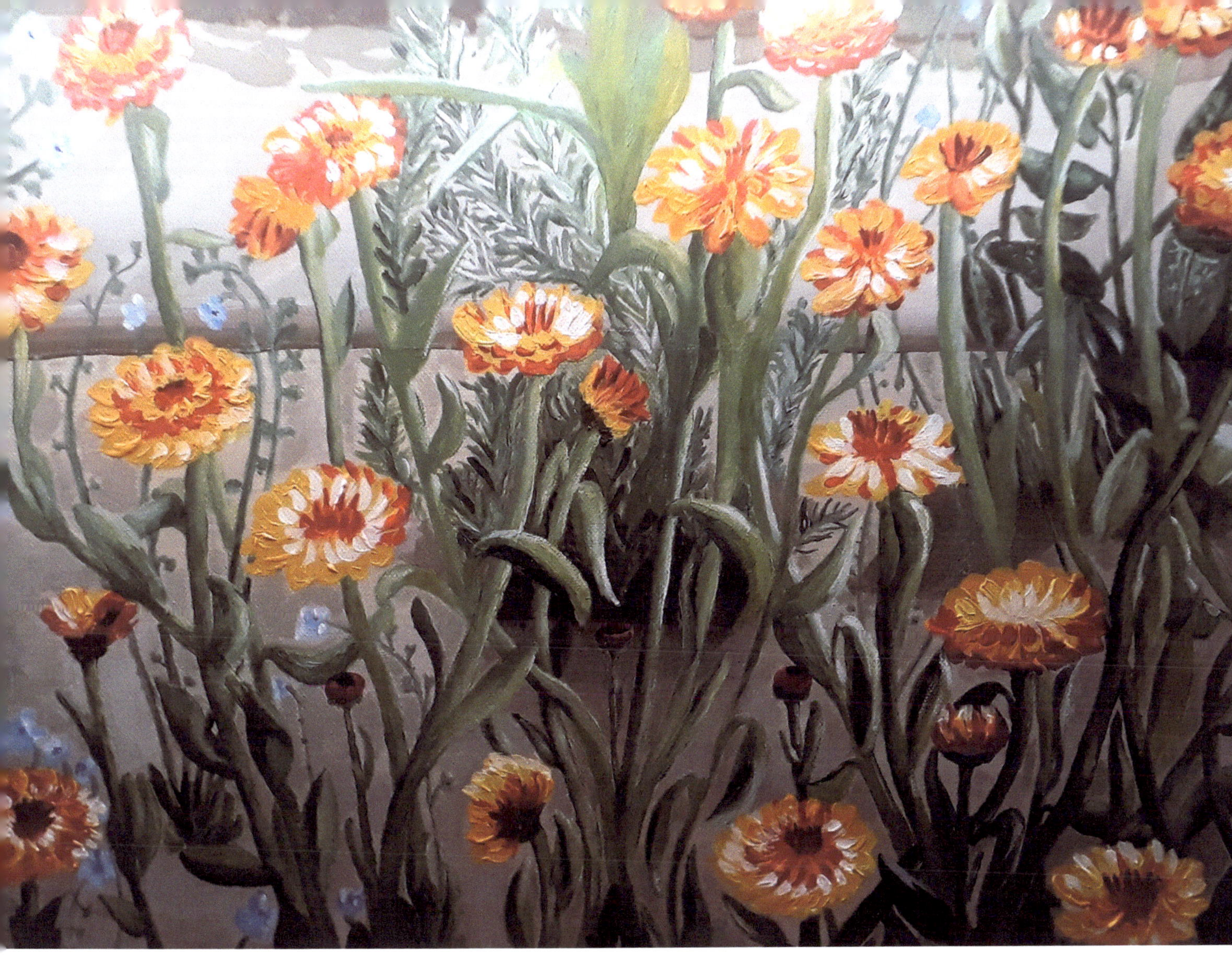

so wie sie geschaffen wurden. Und doch ist keine genauso wie die andere. In ihrer gleichen Art sind sie alle anders entwickelt, schneller, langsamer, höher, tiefer, offener, verschlossener, in voller Blüte oder noch gar nicht aufgegangen. Wie wir Menschen und Völker stehen diese Blumen auf der Mutter Erde.

Gärtner müssen wir sein, wie Jesus es für Maria Magdalena war. In ihrem inneren Chaos aufräumen, Licht und Frieden bringen, sich selbst und dem Gärtner gefallen, durch die Schönheit unserer Seele. Diese Blumen haben eine schöne Seele. Sie sind geduldig, ertragen die anderen schönen Seelen um sich herum und sind sich selbst. Ja, auf die Seele kommt es an. Es sind schöne Seelen.

Noch eines hat mir Gott bewiesen: Er kennt genau die Anzahl der Haare, die jeder einzelne von uns auf dem Kopf trägt. Er muss sie kennen, denn er hat sie geschaffen.

So wie ich diese Blumen als Abbild seiner Schöpfung gemalt habe, weiß ich auch, wo welches Blütenblatt beginnt und endet, wo welches Blatt an welchem Stängel hängt und welcher Stängel zu welchem Kopf führt. Der Garten scheint ein Dschungel zu sein, doch hat jedes Gewächs seinen Platz und alles andere entwickelt sich herum. Ein Ding ist eins an sich, auch wenn man es nicht auf den ersten Blick sieht. Es ist vollkommen. Die Dinge formen sich, biegen sich und finden einen anderen Platz, so dass auch sie gedeihen können. Jeder Schöpfer weiß, was er macht und er beendet das Kunstwerk, wenn er damit zufrieden ist. Welches Leben es danach beginnt, ist nicht eine Frage des Schöpfers. Es liegt in der Freiheit.

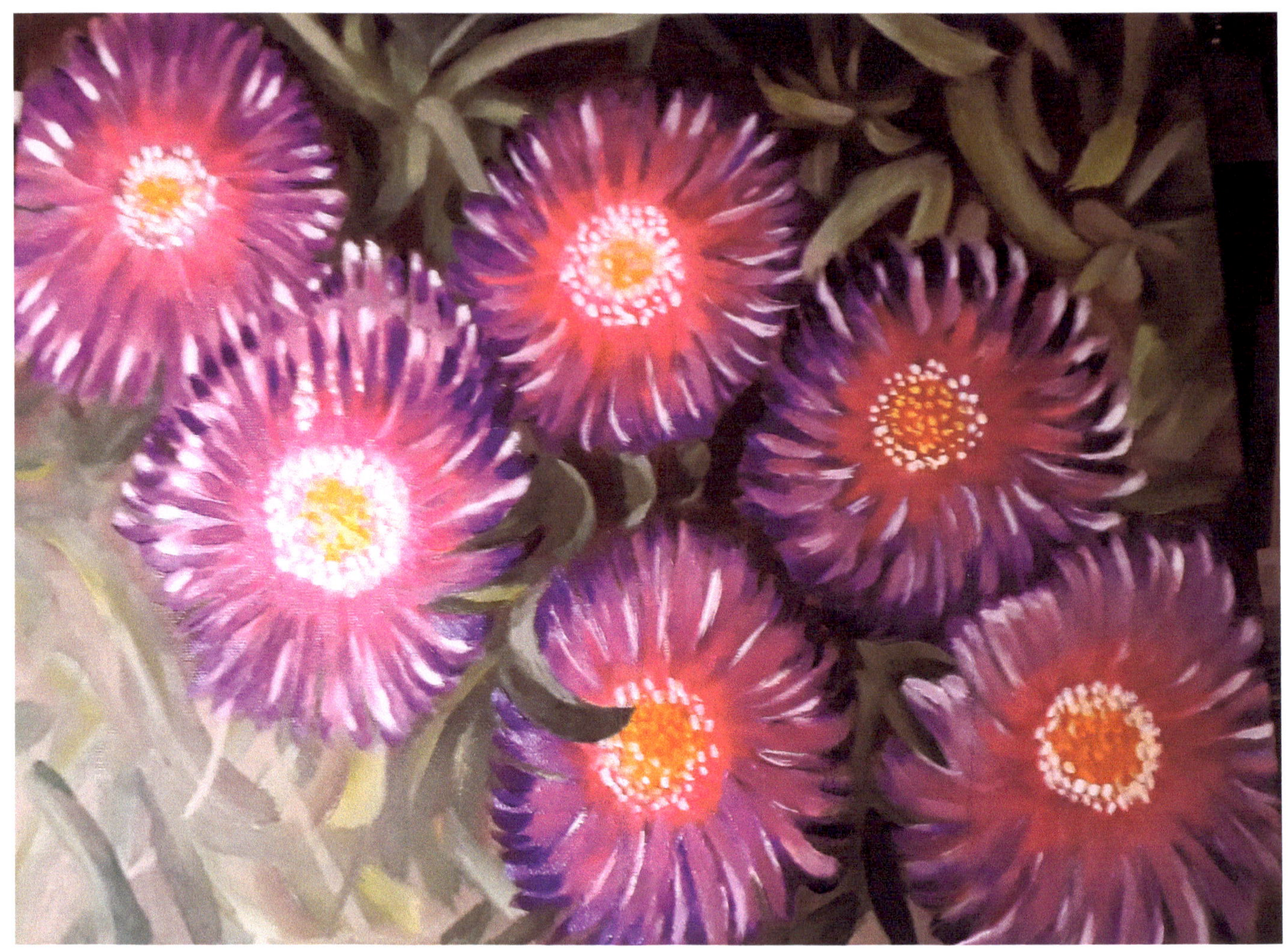

Und es war schön …

Sie stachen mir ins Auge – in ihrer prachtvollen, aussagekräftigen und eindringlichen Farbe liegen sie vor uns wie ein Teppich, auf dem man kaum zu gehen wagt. Als Bodendecker werden diese farbenprächtigen Blumen verwendet, die das Braun der Erde verherrlichen. Sechs Stück davon, sechs Mittagsblumen, die so genannt werden, da sie sich nur zur prallen Sonne, wohl an Mittag, öffnen. Zur vollkommenen Herrlichkeit des Tages. Deshalb sieht man sie auch sehr selten. Es sei denn, man gibt auf sie Acht. Wer etwas sucht, entdeckt auch hier unter dem biologischen Namen „Lampranthus" heilende Wirkung. Ach wie wenig wissen wir nur von unserer Welt! Greifen wir doch gleich zum ersten Paracetamol, sobald uns etwas schmerzt…!

Aber: Haben Sie wirklich Acht gegeben?
Sind es wirklich nur sechs Blumen oder versteckt sich da nicht eine siebente? Genau das ist es, worauf ich hindeuten möchte. Genaues Hinsehen, wie die Dinge sind, um sie zu verstehen, um sie so zu akzeptieren, so sind sie übrigens oft schöner als man denkt.

Manchmal verdeckt eine schöne Pflanze eine andere. Warum sollte man nicht ihr auch einen Blick gönnen? Vielleicht wurde ihr einfach nicht genügend Platz gelassen, um sich zu entfalten oder einfach, um gesehen zu werden? Manchmal muss man in seinem eigenen „Garten" ganz schön aufräumen, um das Wesentliche zu sehen und zu erkennen.

Let's go!

Womit beginnen? Nach dem Fiasko der Calendulas hatte ich mich entschieden, mit dem Hintergrund zu beginnen. Der Hintergrund ist eigentlich der Untergrund. Beschienen vom „Obergrund". Die dritte Dimension wird auf eine zweite Dimension reduziert und das Oben und Unten auf eine Fläche zusammengefasst. Den Boden, auf dem Alles entstehen konnte, das Unten, das ohne das Oben nichts ergäbe, außer trockenen Sand. Der Boden braucht Nahrung: Wasser und Licht. Quellen und Einfluss. Zusammenwirkung, damit Schönheit entsteht, die zugelassen werden muss. Ja es ist unsere menschliche Pflicht, Schönheit zuzulassen. Wir sollen der Gärtner unseres eigenen Lebens sein. Oder das der anderen…

Aus welchen Farben besteht dieses „Zusammenwirken"? Die Erde ist braun oder fast schwarz. Das Licht erhellt sie, sie wirkt teilweise beige. Ein Grünstich repräsentiert das auf dem Boden liegende einfache Gras, das hier an Bedeutung verliert, denn es gilt, die Schönheit der Blüten zu zeigen, die Schönheit des Höchsten, wozu es ein einfaches Samenkorn bringen kann, sei es auch noch so künstlich modifiziert. Diese Schönheit soll hier in all ihrer Pracht dargestellt werden und auf den Betrachter wirken, noch mehr als sie auf mich gewirkt hatte. Platz muss den Blüten genügend gelassen werden, sodass der Betrachter die Größe ihrer Schönheit erkennt.
Nun die Blütenblätter: Ich glaube es gibt Farben, die man nicht malen kann. Sehen Sie sich auch nur ein einziges echtes Blütenblatt an. Wie jede Zelle wohl etwas anders funktioniert, scheinen diese Zellen jeden Millimeter ein anderes Licht zu reflektieren. Ein guter Fotoapparat könnte ihre Schönheit noch klarer darstellen, aber wozu? Geht es nicht darum, dass wir die Kunst des Schauens üben und nicht die des Knipsens? Wer schaut denn beim Knipsen auf all diese Einzelheiten? Es ist doch der Maler… Selbst ein guter Fotograf und ein guter Apparat können die Schönheit der Natur nicht so wiedergeben wie sie wirklich ist. Vielleicht haben Sie schon einmal versucht, eine Mondfinsternis zu fotografieren. Der Maler hat da sicher mehr Chancen, ein der göttlichen Schönheit entsprechendes Bild darzustellen. Er sieht nicht, er schaut.

Verzweifelt war ich nun mit meinen Farbmischungen, rot, rosa, weiß, lila, violett, blau, keine Mischung passte. Ich musste zurück ins Farbengeschäft.

Vier neue Variationen pur oder gemischt stehen bereit, doch werden sie mich aus meinem Dilemma retten? Ich erreiche nun die Frage: Kann man Gottes Kunst überhaupt malen? Kann man sie auch nur irgendwie repräsentieren? Dürfen wir es überhaupt? Oder muss sie einfach jeder mit seinem Auge betrachten und schätzen lernen? Ich kann es nur versuchen und die Augen des Betrachters erwecken, sich die Schöpfungen dieser Erde persönlich zu betrachten. In der Tat haben mir die vier Nuancen aus dem Farbengeschäft auch nicht weitergeholfen. Ich kann mich an der göttlichen Natur nur inspirieren und Ähnliches schaffen. Ja, ich muss meine künstlerische Freiheit nehmen und Gottes Schöpfung verlängern. Ich darf seinen menschlichen Garten mitgestalten. Aber der göttliche ist der wahre.

Ich glaube, meine Blumen erwecken Emotionen. Vielleicht sind es Emotionen, die den Betrachter selbst noch etwas befremden. Vielleicht weil er sich eben Blüten noch nie so richtig aus der Nähe angesehen hat, sie noch nie so richtig schätzen konnte. Ich würde gerne Worte finden, für das, was der Betrachter empfinden wird.

Gott schuf jeden Tag. Etwas mehr als ich, etwas detaillierter als ich. In nur sechs Tagen erschuf er die ganze Welt. Jedes Mal, wenn es schön war, ruhte er. Und doch entwickelte sich alles, was er geschaffen hat, weiter. Es wächst, es ändert seine Farbe, seine Form, durch Paarung entsteht Neues, durch Konfrontation verändern sie sich die Dinge. Alles bisherige hat sich verändert. Eigentlich ist nichts mehr, wie er es geschaffen hat. Gefällt ihm denn seine Welt noch?

Meine Bilder werden sich nicht verändern. Sie werden immer gleich bleiben. Nur die Menschen, die an ihnen vorbei gehen, werden vielleicht nicht immer das gleiche sehen, sie werden sie aus einer anderen Perspektive, aus einer anderen Erfahrungswelt sehen.

Ich möchte gerne in den Köpfen der Betrachter lesen können. Doch wozu, es war doch schön.

Die Blume der Freude

Es war an einem Sonntag im Mai 2019. Ich ging zur Kirche und erblickte auf meinem Weg diese Blume. Sie prägte sich so sehr in meine Gedanken ein, dass ich wusste, ich müsste sie eines Tages malen. Ihr leuchtendes Orange sprang mir entgegen wie pfingstliche Feuerzungen. Wassertropfen des nächtlichen Regens oder des Morgentaus, ich erinnere mich nicht mehr, lagen auf ihr wie Tränen. Sie repräsentierte für mich eine immense Freude. Eine Sonntagsfreude, die nichts anderes sein kann, als diese. An welchem Tag sollte man sie denn sonst ausdrücken können?!
Ihre feinen orangenen Blütenblätter lächelten mich an und prägten sich in mir ein. Ich danke Gott, solche Bilder in mir tragen zu dürfen.

Nach den Calendulas und den Mittagsblumen wollte ich zu großflächigeren Bildern übergehen. Ein nahes Portrait dieser Blume bot sich an. Doch auch hier wieder stieß ich sehr schnell auf meine künstlerischen Grenzen. Unglaublich sachte und doch präzise sind die Übergänge, die „dégradés" von einem Farbton zum anderen, innerhalb eines Blütenblattes, selbst schon an sich, dann auch wegen des Lichts und der Ausrichtung.

Könnten wir Menschen zu unbemerkt von einem Ort zum anderen fließen, wie diese Farbtöne? Könnten wir so sachte handeln, ohne dass man es bemerkt? Wollten wir es denn, so unauffällig wie möglich durch diese Welt, durch dieses Leben ziehen? Ist das Leben der meisten nicht nur eine Show und eine Selbstdarstellung?

Der Kontrast der Blume zu ihrem dunkeln Hintergrund stellt ihren ganzen Wert ins Licht. Die braune Erde, die grünen Blätter lassen sie herausstechen in ihrer ganzen Individualität. Können wir Menschen, diese Blume als solche akzeptieren, erfassen, erkennen, sehen? Können wir andere Menschen so sehen, erkennen, erfassen und akzeptieren?

Diese Blume brachte mir Freude. Genauso wie es Menschen gibt, die mir so viel Freunde schenken können. Leider gibt es nicht viele. Wohl liegt es daran, dass sie nicht sind, wie sie sein sollten… Nämlich sich selbst.

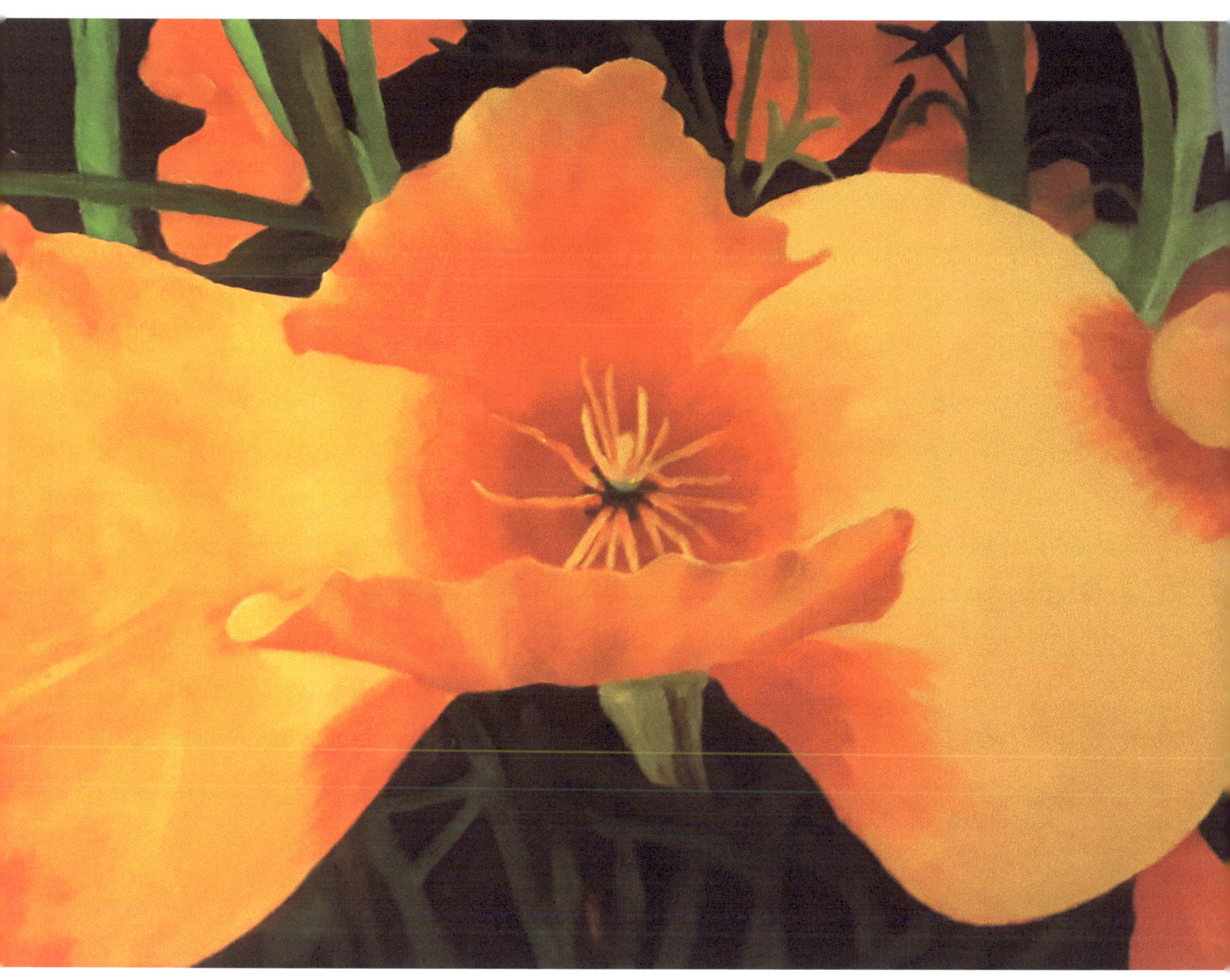

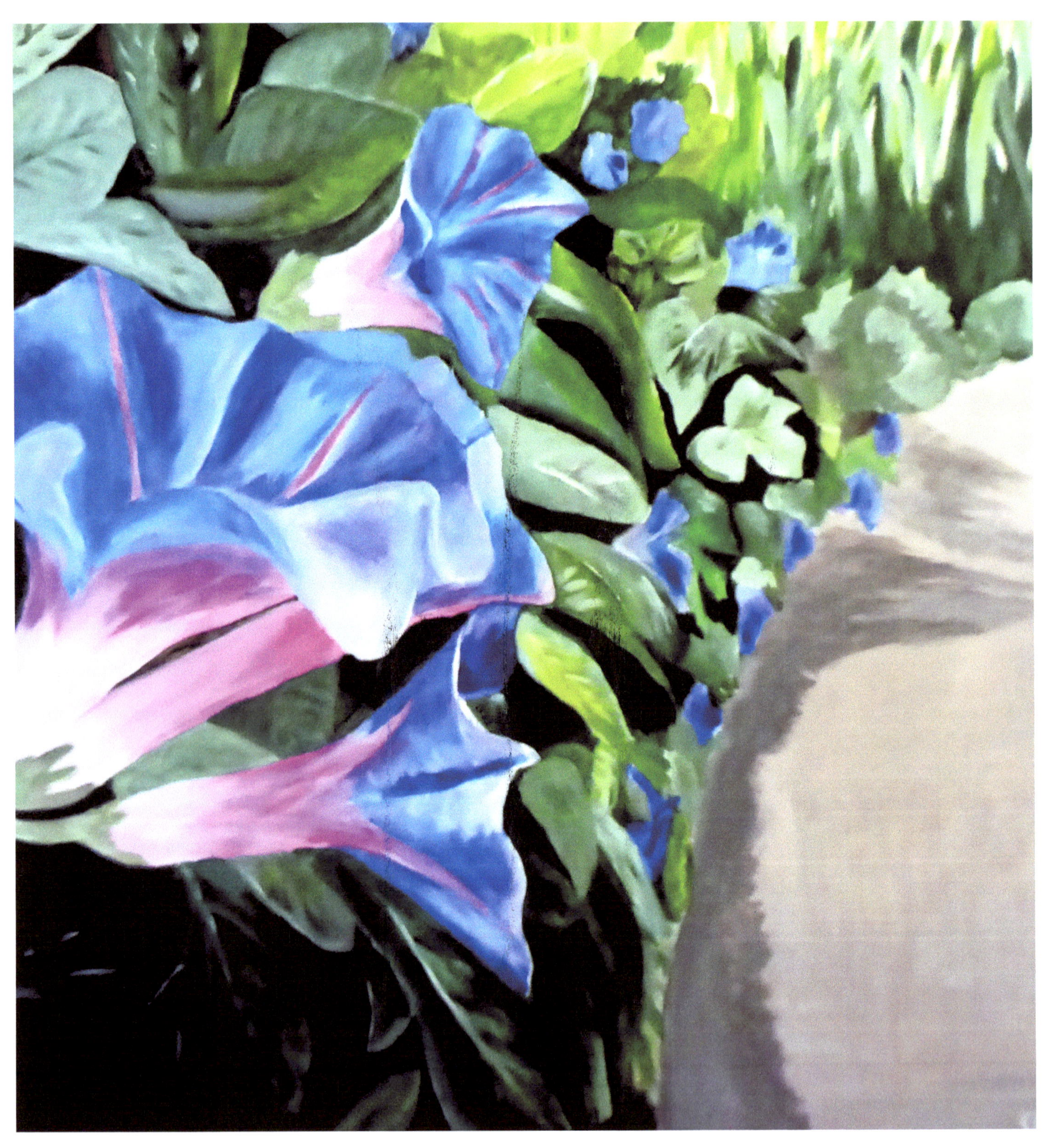

Auf dem rechten Weg

Es war in Le Pradet in Südfrankreich, am Rande meines Weges von der Kirche nach Hause. Es war sehr heiß, es ging bergauf, ich war müde. Plötzlich standen diese wunderschönen Ipomée auf meiner Seite, als würden sie mir ihre Kraft schenken wollen. Zu Deutsch heißen sie Prunkwinden (Ipomoea), das weiß ich aber auch erst, seitdem ich diese Blumen gemalt habe… Sie wachsen vor allem im Mittelmeerraum, dort wo angenehme Temperaturen vorherrschen.

Als Kletterpflanzen rankten sich diese wunderschönen Blüten mehrere Meter lang um einen Zaun. Sie leuchteten. Sie leuchteten von innen heraus. Sie sind in ihrem Grunde weiß, bilden einen rosaroten Trichter und gehen ins Blau über, bis hin zum Violett. Welch göttlich reine Farben! Diese Blüten sind wahrscheinlich Teil einer einzigen Wurzel, doch alle sind anders, und trotzdem sind alle gleich.

Plötzlich waren diese Blüten und ich eins! Ich liebte sie. Sie gehörten zu mir, wie ich zu ihnen. Sie hielten mich fest. Sie fesselten meinen Blick. Wenn ich mich recht entsinne – es war im Jahre 2018 - pflückte ich sogar einige, um sie bei mir zu haben. Doch was nützt diese Habsucht, führt sie nicht direkt zum Tod? Nach kurzer Zeit lebte die Pflanze nicht mehr. Bewahren, besitzen, wahren Reichtum trägt man nur im Herzen, wenn man sich an die Dinge erinnert, sich ihrer Schönheit erfreut, egal ob man sie besitzt oder nicht. Das ist wahres Königtum. Die Dinge bleiben.

Sie sind verewigt und in diesem Sinne spielt die Zeit keine Rolle mehr. Ist es nicht Gottes Wille, dass wir so zum König dieser Welt werden, weil wir sie lieben?

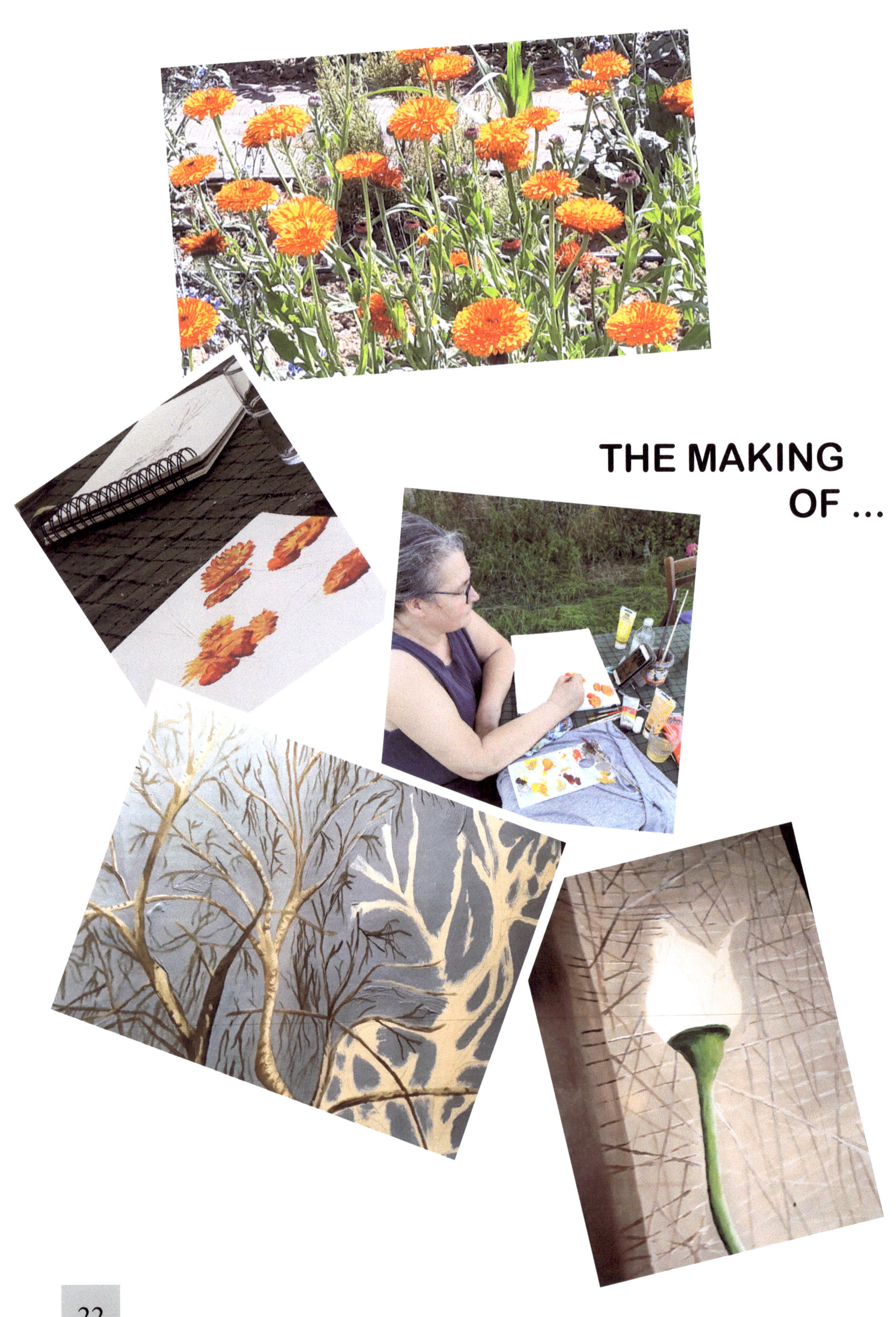

THE MAKING OF ...

GOD'S BEAUTIFUL NATURE

Catalogue d'exposition de

Delphine Terrand
&
Sabine Salat

Du 6 octobre
au 24 novembre 2024

S'il existe bien une chose à laquelle on ne peut pas échapper, c'est évidemment la nature.
Que ce soient de grands champs qui s'étendent à perte de vue au travers de la vitre d'une voiture sur une longue route de campagne isolée, ou une petite fleur qui courageusement perce le béton de la grande ville en recherche de lumière, la nature est toujours présente dans notre quotidien.

C'est cette recherche de beauté et d'harmonie si propre à notre nature que Delphine Terrand et Sabine Salat ont tenté de mettre en avant dans leurs oeuvres formant la collection « God's beautiful nature ». Les deux artistes vous invitent alors à apprécier avec humilité et douceur, la beauté des arbres, des fleurs, des paysages, de la pousse au baobab, de l'arbre dégarni par l'hiver au champ de fleurs aux milles couleurs. Il s'agit ici de prendre une pause dans nos vies rapides et artificielles, digitales et parfois ternes, pour profiter un court instant de la grandeur des paysages qui nous entourent.

Découvrez alors les oeuvres de Sabine Salat concentrées sur les petits détails de notre nature, ainsi que les paysages aux lumières chaleureuses de Delphine Terrand.

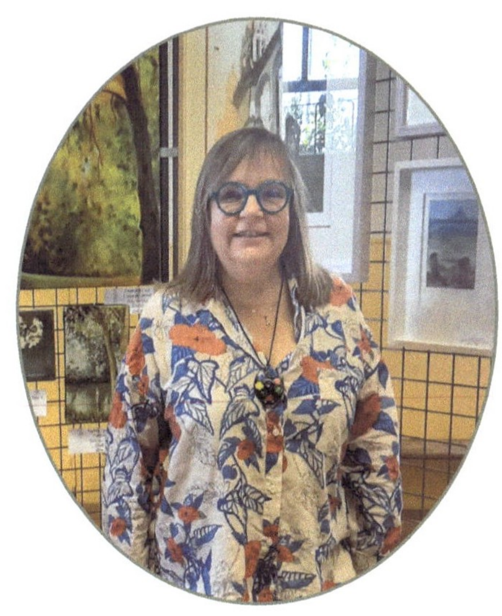

Merci à dame nature de nous offrir toutes ces merveilles.

Toutes ces lumières, variations, couleurs et parfums.

Nous devons prendre le temps d'admirer ces fleurs, nuages, rayons du soleil qui subliment ce qui nous entoure, ces arbres somptueux, que la vie nous offre.

Se retrouver et poser les mains autour d'un arbre pour se recharger, se poser dans un champ de fleurs ou de blé pour se ressourcer ...

Je souhaite apporter tout cela, et partager mes émotions face à ce magnifique spectacle dans mes toiles.

Delphine Terrand

Ma vie d'artiste

Je suis née à Neuilly-sur-Seine en 1968, je vis et je travaille à Dourdan.

Depuis mon enfance, j'ai des crayons et pinceaux dans les mains, grâce à ma maman qui m'a offert l'opportunité de faire des études d'arts après avoir commencé les cours enfant. J'ai commencé par l'Atelier Met de Penninghen, l'année préparatoire, j'ai ensuite obtenu mon diplôme de design textile à l'école Neuville-Conte. Après un stage à l'Institut supérieur de peinture décorative de Paris, je me suis lancée dans le trompe l'oeil. Ma rencontre avec Christoff Debusschere (peintre officiel de l'Air, de la Marine et de l'Armée de Terre) quelques années plus tard m'a permis d'affirmer ma personnalité et de renforcer mon attirance pour la peinture à l'huile que je pratiquais déjà depuis adolescente.

Mes pinceaux sont le relais de mon ressenti et de mes émotions dans une peinture figurative. J'aime utiliser les couleurs pour transcrire sur la toile mes ressentis devant un paysage, un bouquet de fleurs ou une coupe de fruits. Capter les vibrations et le mouvement de la lumière, les ambiances, les couleurs du ciel, les reflets dans l'eau, les plis d'un tissu, les natures mortes, est le sens de mes recherches.
Tout est source d'inspiration. J'aime aussi beaucoup faire ressortir dans les portraits la personnalité et les émotions des modèles, qu'ils soient adultes ou enfants.

J'expose depuis 1992 et je donne également des cours de dessin et de peinture pour les plus jeunes et sous la forme d'un atelier pour les adultes à Dourdan.
Mes tableaux ont été exposés à Dourdan, Saint-Arnoult-en-Yvelines, Jouy-en-Josas, Vaucresson, Etampes (Hôtel Anne de Pisseleu), Arpajon, Rambouillet, St.-Chéron (Ecomusée), Saint-Rémy-de-Provence, Antony, Méré, et Erquy.

J'ai participé aux salons de Dourdan, Etampes, Ballancourt, Chaville, Saint Arnoult en Yvelines, Les Essarts le Roi, Versailles, Clairefontaine, Vittel.

Mes recompenses :
Prix du conseil Général de l'Essonne – Guillerval 2001
Félicitations du Jury et mention spéciale – Salon de Printemps à Dourdan 2003
Prix de l'ACARED (Association des commerçants de Dourdan) – Salon de printemps à Dourdan 2004
3ème place au Prix du Public à Prunay-en-Yvelines 2011
Prix du Conseil Municipal - Les Granges le Roi 2013
Prix du Lions Club - 34ème Salon de Printemps - Dourdan 2019
Prix privé JP. Cot Bergès au Salon des Artistes Français – Grand Palais Paris 2023
Prix de l'Assemblée Nationale - 38ème Salon de Printemps - Dourdan 2024
Prix de la ville d'Etampes – Salon de printemps des artistes de la SAE 2024
Salon des Artistes Français au Grand Palais 2012, 2013, 2015, 2022, 2023
Salon d'Automne Paris 2015, 2016, 2017, 2018. 2019, 2020, 2021, 2022, 2023
Invitée d'honneur au Salon des Essarts Le Roi janvier 2019
Invitée d'honneur au Val Saint Germain (fête de la peinture) juin 2019
Salon Art Actuel à Tokyo août 2020
Festival Renc'art au Château de Chamarande octobre 2020
Mairie de Dourdan 2021, 2022, 2023,2024

Exposition permanente :
Hostellerie Blanche De Castille (Dourdan), Boutique Maline (Dourdan)

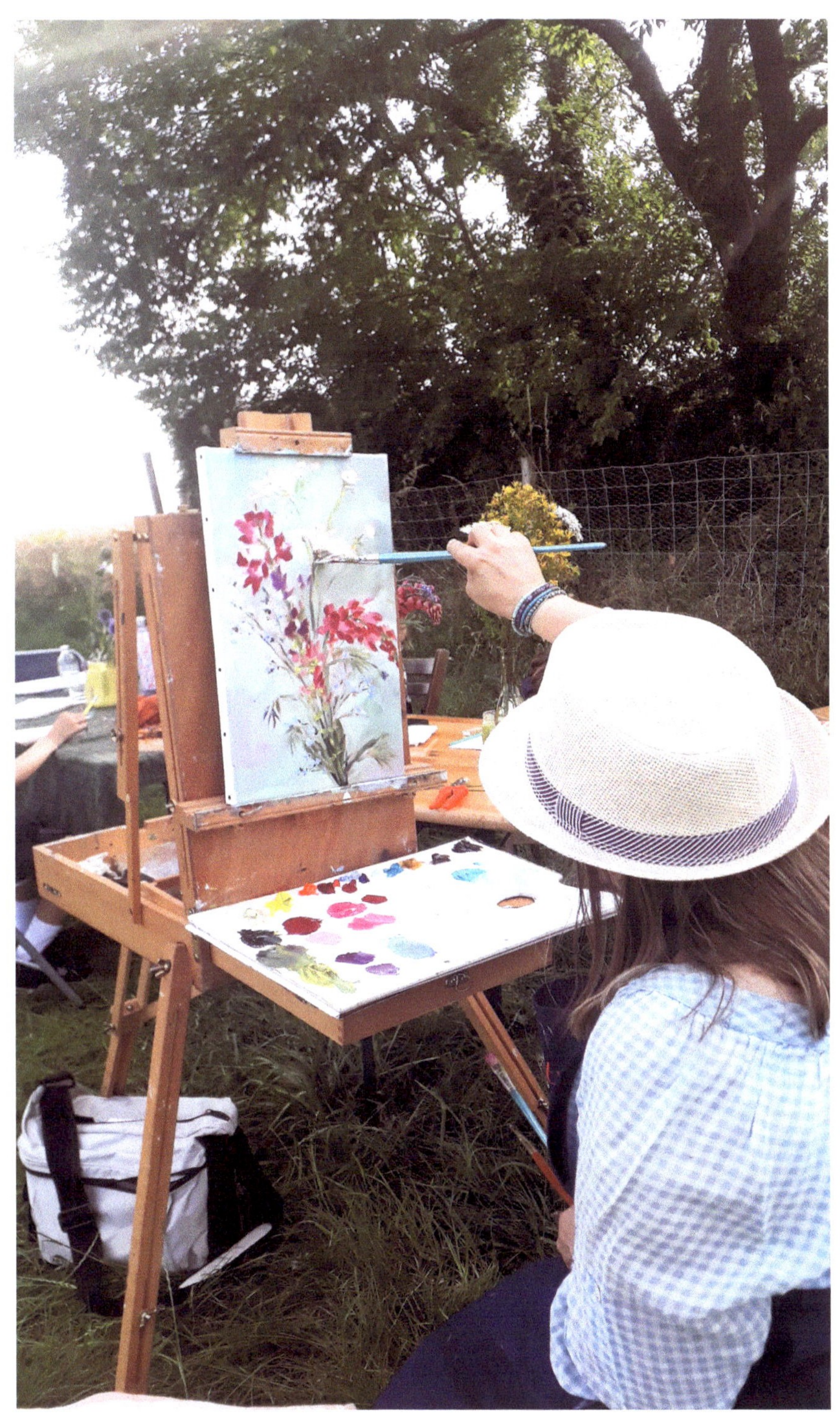

Jacinthes des bois

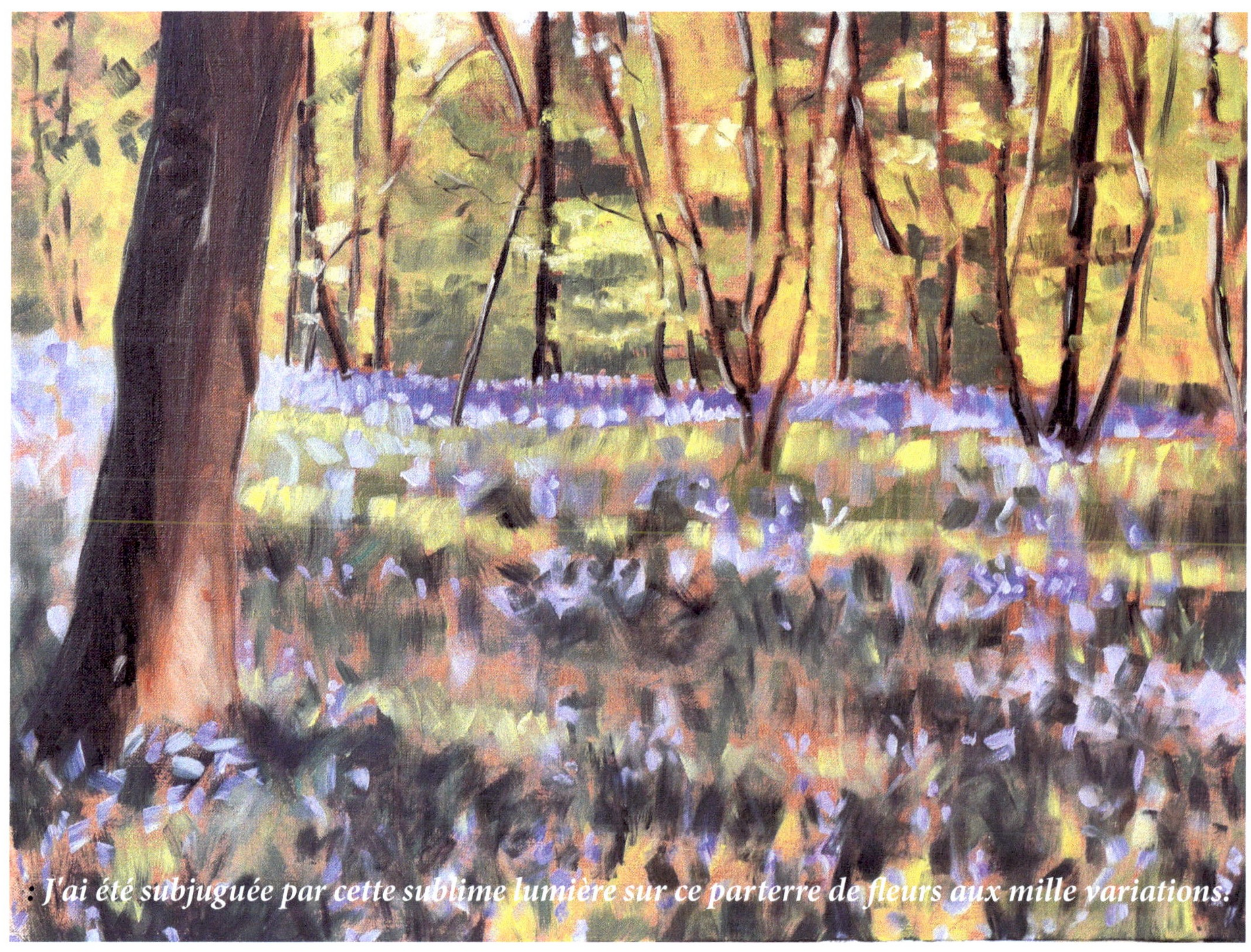
J'ai été subjuguée par cette sublime lumière sur ce parterre de fleurs aux mille variations.

Jacinthes des bois, c'est ainsi que se nomment ces petites fleurs d'un violet bleuté qui colorent le sol des forêts dès le début du printemps.

Mais c'est aussi ainsi que se nomme ce tableau de Delphine Terrand qui représente dans un cadre idyllique, ce tapis bleu baigné dans la lumière du soleil à l'horizon.

C'est subjuguée par cette sublime lumière sur ce parterre de fleurs aux mille variations que l'artiste décide d'immortaliser ce moment en le peignant. Pour que même lorsque l'hiver sera de retour, ce tapis fleuri réchauffe les coeurs de certains.

Pavots jaunes

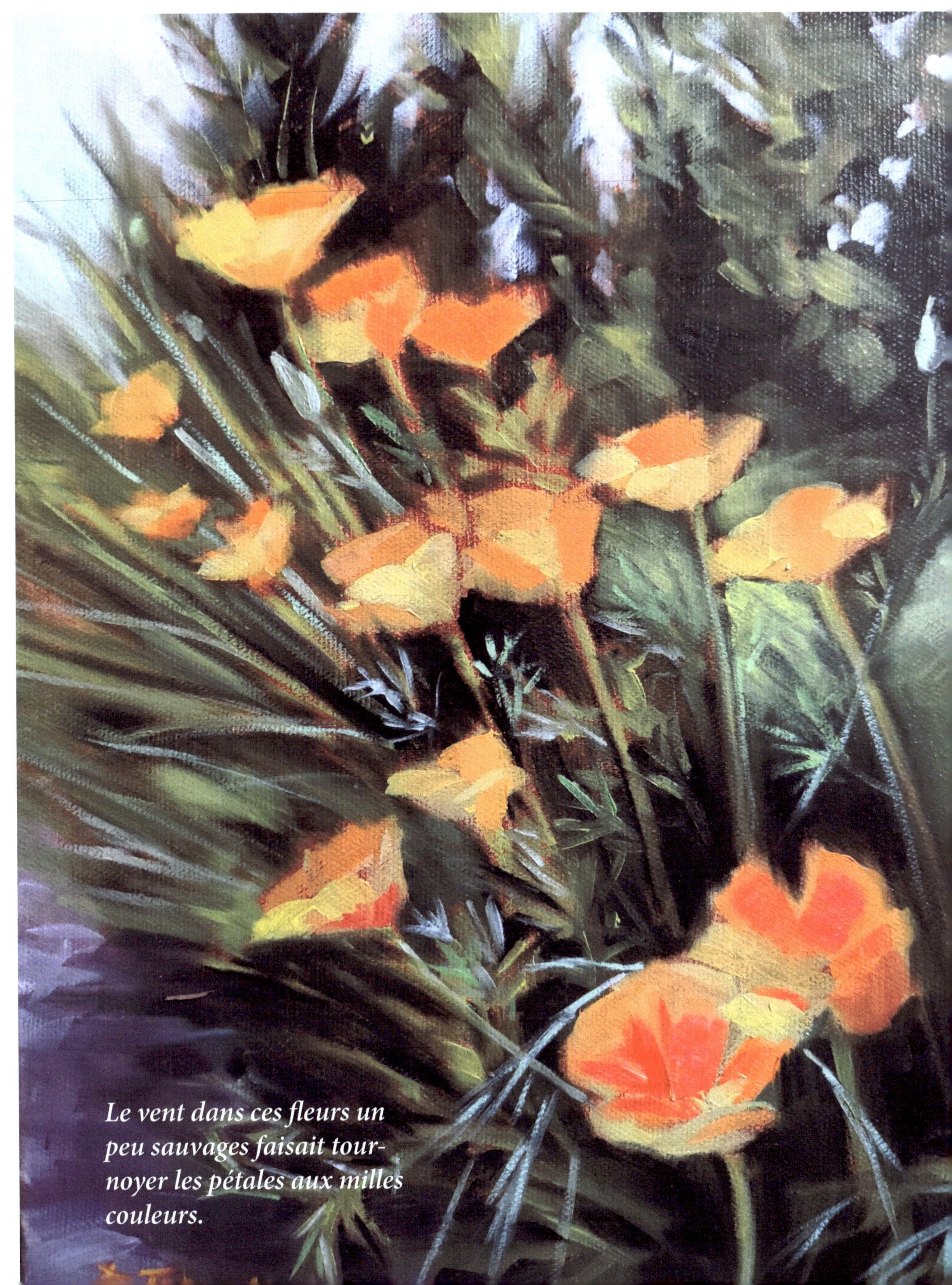

Le vent dans ces fleurs un peu sauvages faisait tournoyer les pétales aux milles couleurs.

Lumières d'un soir

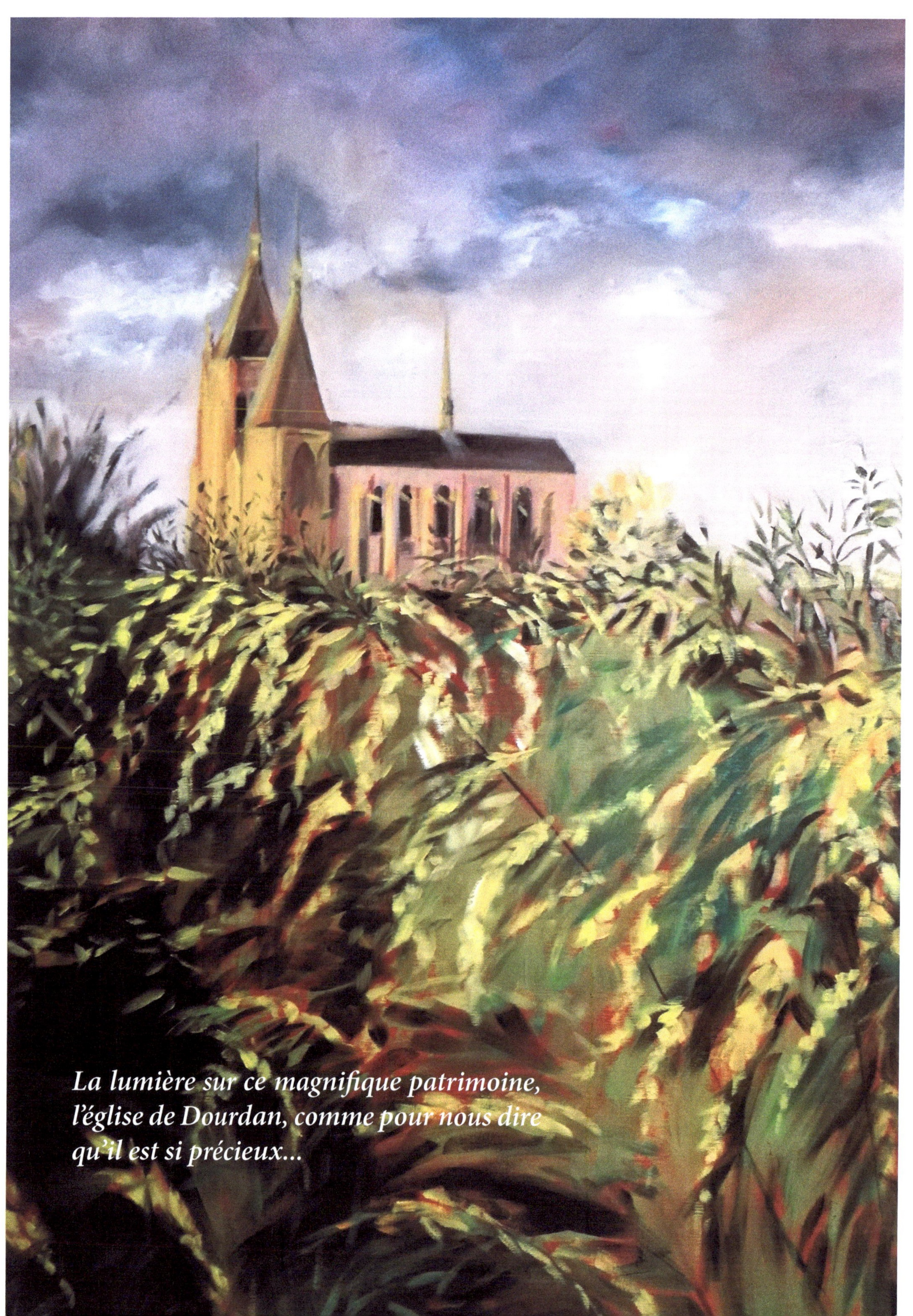

Fleurs de la prairie

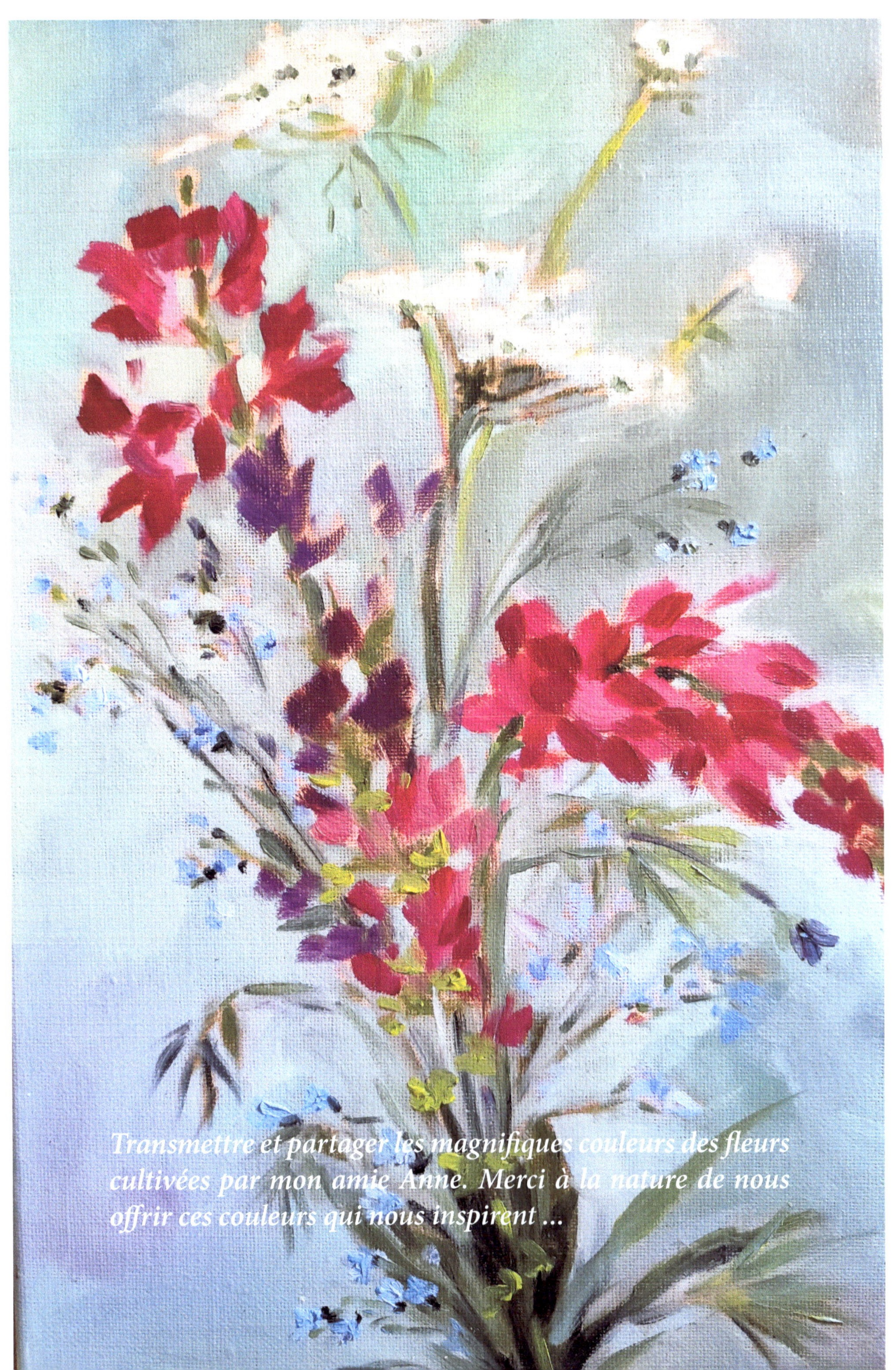

Transmettre et partager les magnifiques couleurs des fleurs cultivées par mon amie Anne. Merci à la nature de nous offrir ces couleurs qui nous inspirent ...

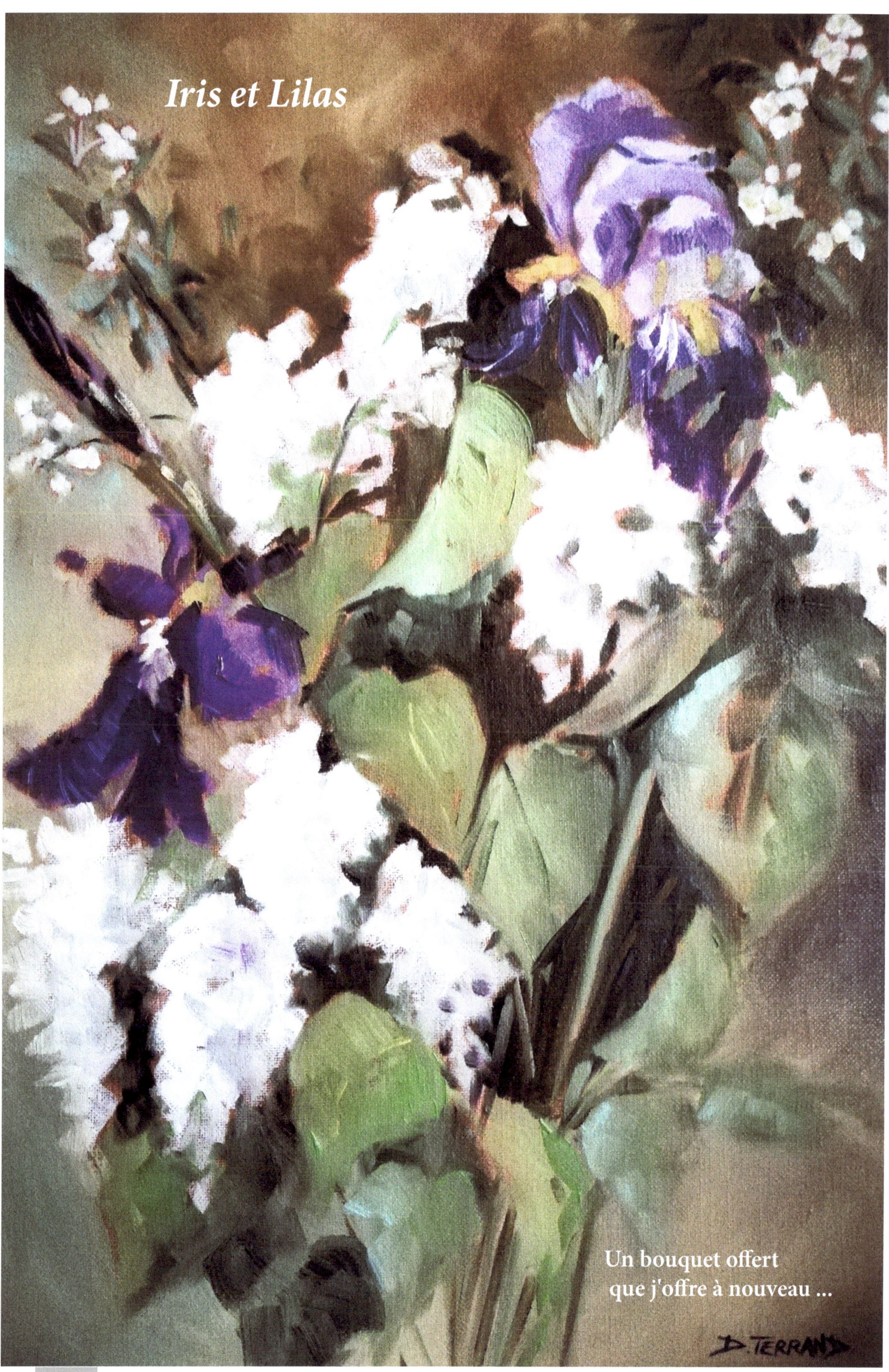
Iris et Lilas
Un bouquet offert
que j'offre à nouveau ...
D.TERRAND

Des Iris et des Lilas, voici ce que Delphine Terrand vous offre avec ce tableau.

Un mélange de blanc et de violet qu'on lui a offert à elle aussi, et qui maintenant est le vôtre aussi. Un bouquet de remerciements, de réconciliation, de félicitation, ou simplement pour faire plaisir, sans réelle occasion, tout peut se dire avec des fleurs, un peu de couleur et des belles odeurs.

L'artiste crée alors avec cette peinture, une chaîne de cadeaux, un bonheur qui se partage et qui se transmet, un bouquet offert qu' elle vous offre à nouveau, et que vous offrez peut-être à quelqu'un d'autre.

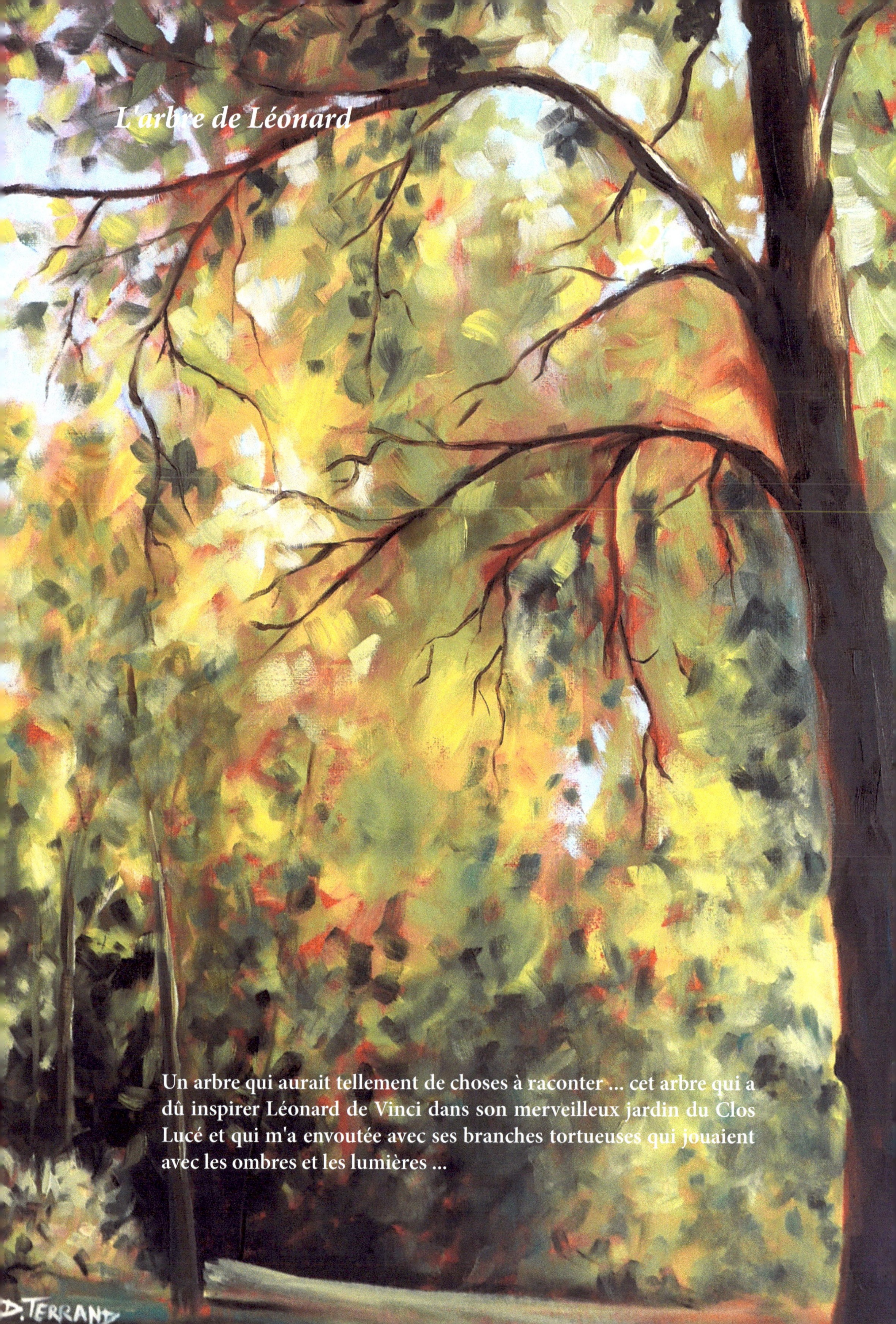

L'arbre de Léonard

Un arbre qui aurait tellement de choses à raconter ... cet arbre qui a dû inspirer Léonard de Vinci dans son merveilleux jardin du Clos Lucé et qui m'a envoutée avec ses branches tortueuses qui jouaient avec les ombres et les lumières ...

En dehors d'être des symboles de lucidité et de solidarité, les arbres peuvent aussi être perçus comme les grands sages de la forêt.

Nous avons tous déjà compté les cernes des troncs pour connaître l'âge d'un arbre, imaginez alors un instant tout ce que cet arbre a vécu, tout ce qu'il a vu. Cet arbre qui a dû inspirer Léonard de Vinci dans son merveilleux jardin du Clos Lucé a également envoûté Delphine Terrand grâce à ses branches tortueuses qui jouent avec les ombres et les lumières.

Bien qu'ils soient partout autour de nous, dans des parcs, sur les bords des routes, dans les forêts avoisinantes, nous oublions bien trop rapidement tout ce que les arbres ont vu passer. Des centaines de voitures, des milliers de piétons, des pigeons qui s'abritent de la pluie, des chats escaladeurs, tout cela en une journée, sans bouger, sans faire de bruit. Ce sont ces histoires que les arbres auraient pu nous raconter qui ont inspiré l'artiste à peindre cet **Arbre de Léonard.**

Le jardin de Myriam

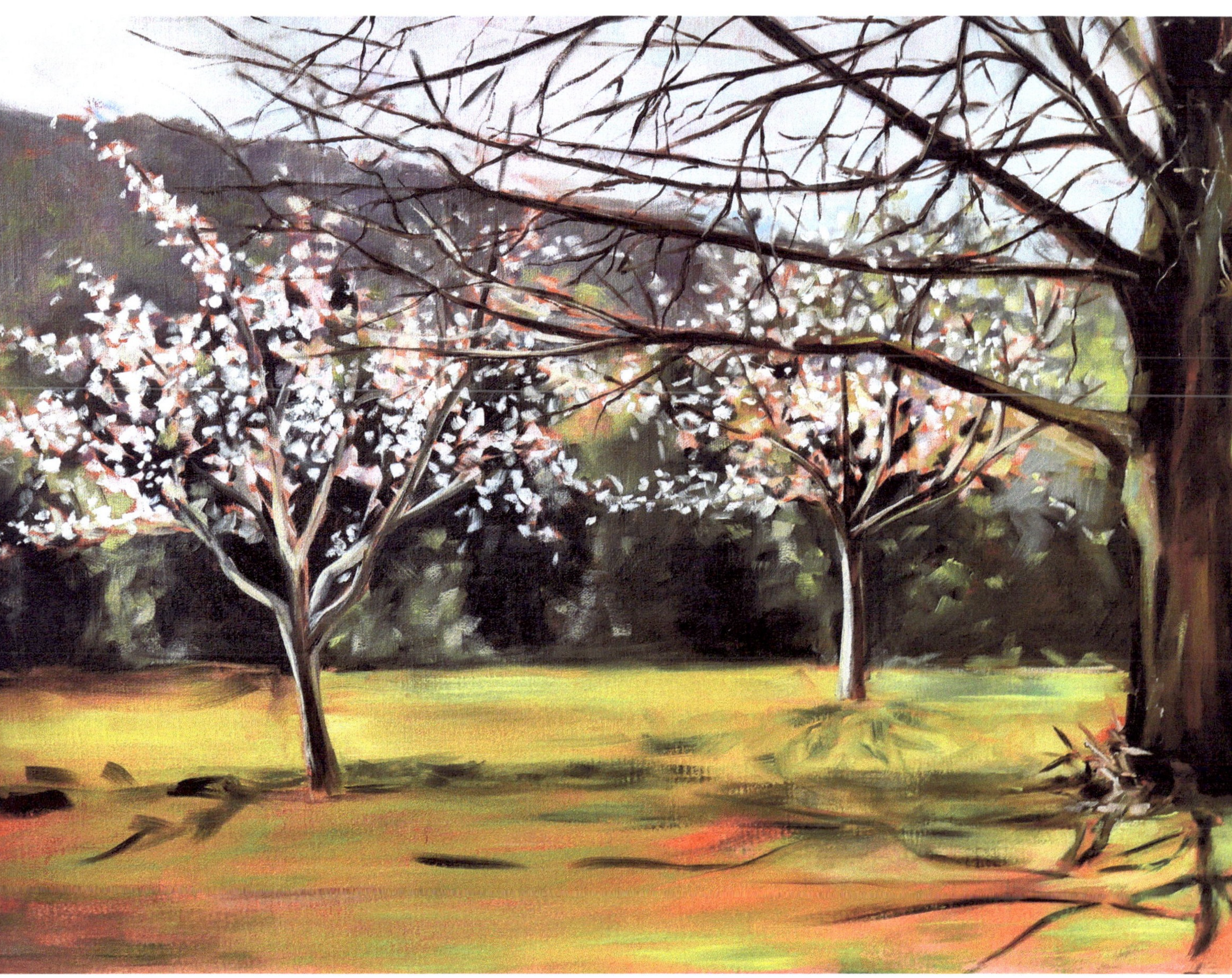

Une amie ... un jardin ... le printemps ...

Un instant suspendu devant ces arbres aux branches qui dansent et aux mille fleurs ...

Un bonheur simple que de poser son chevalet et de se mêler à cette nature flamboyante ...

Les Sables d'or

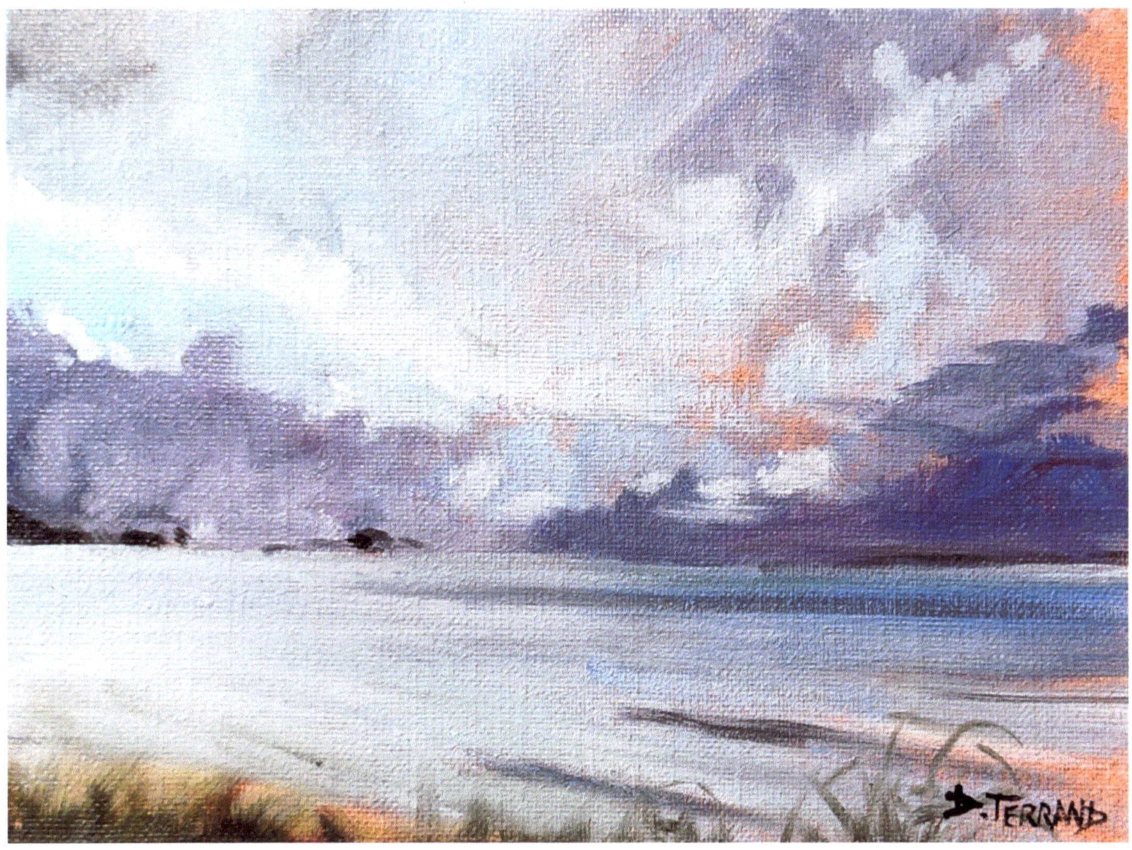

La mer et ses lumières changeantes, jamais les mêmes …
Les nuages qui font rêver ... partir dans un autre univers ...

Poésie d'un soir

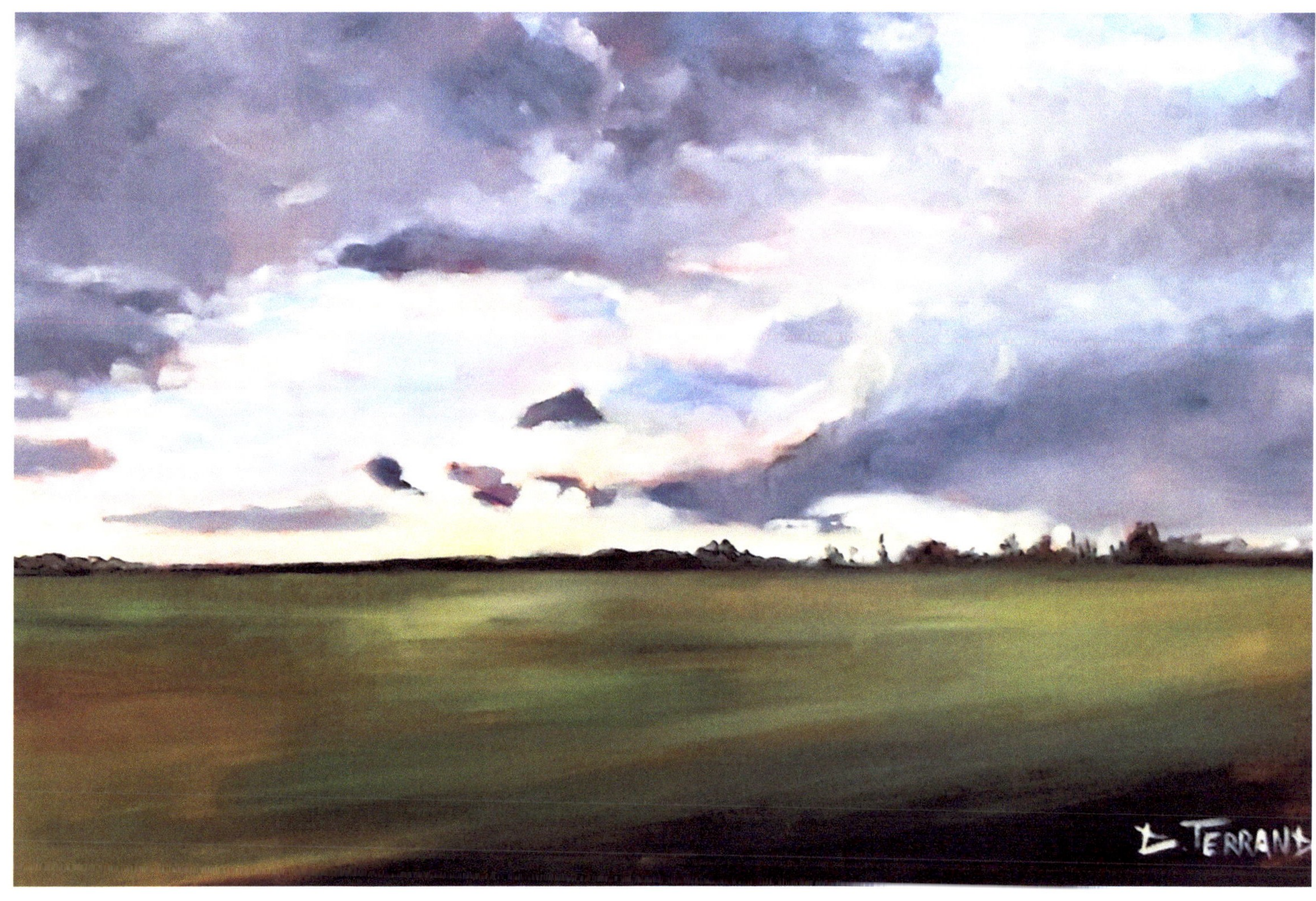

Comment résister à ce sublime coucher de soleil qui illuminait le ciel de ma ville de coeur.

Un instant éphémère que j'ai souhaité transporter sur ma toile pour le rendre impérissable.

Surprenante nature

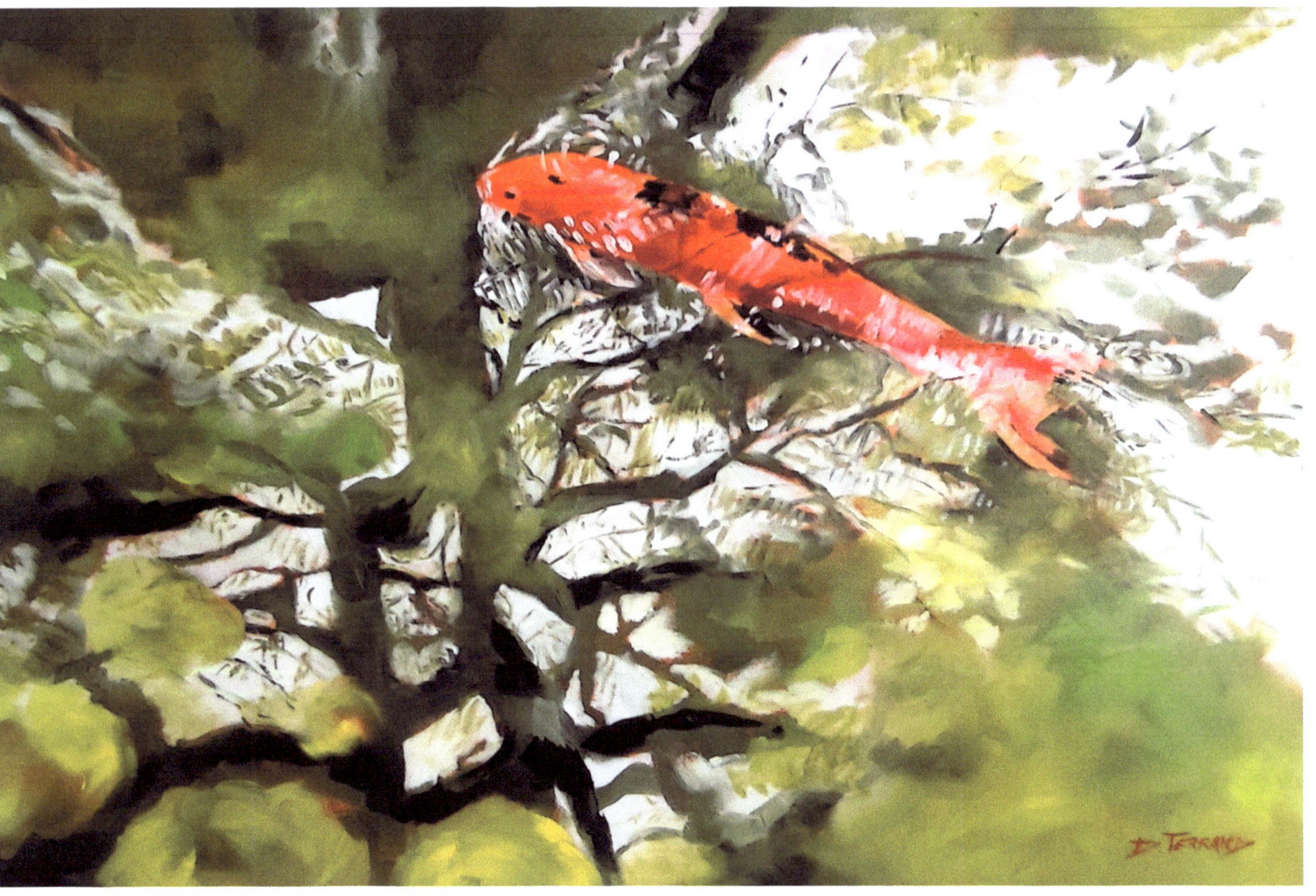

La nature est parfois (et même souvent) magique et surprenante. Lors d'une promenade dans un jardin japonais, en observant cette carpe koï évoluer dans ce joli bassin, j'ai été surprise par ce reflet de cet arbre majestueux dans lequel la carpe semble voler plutôt que de nager.

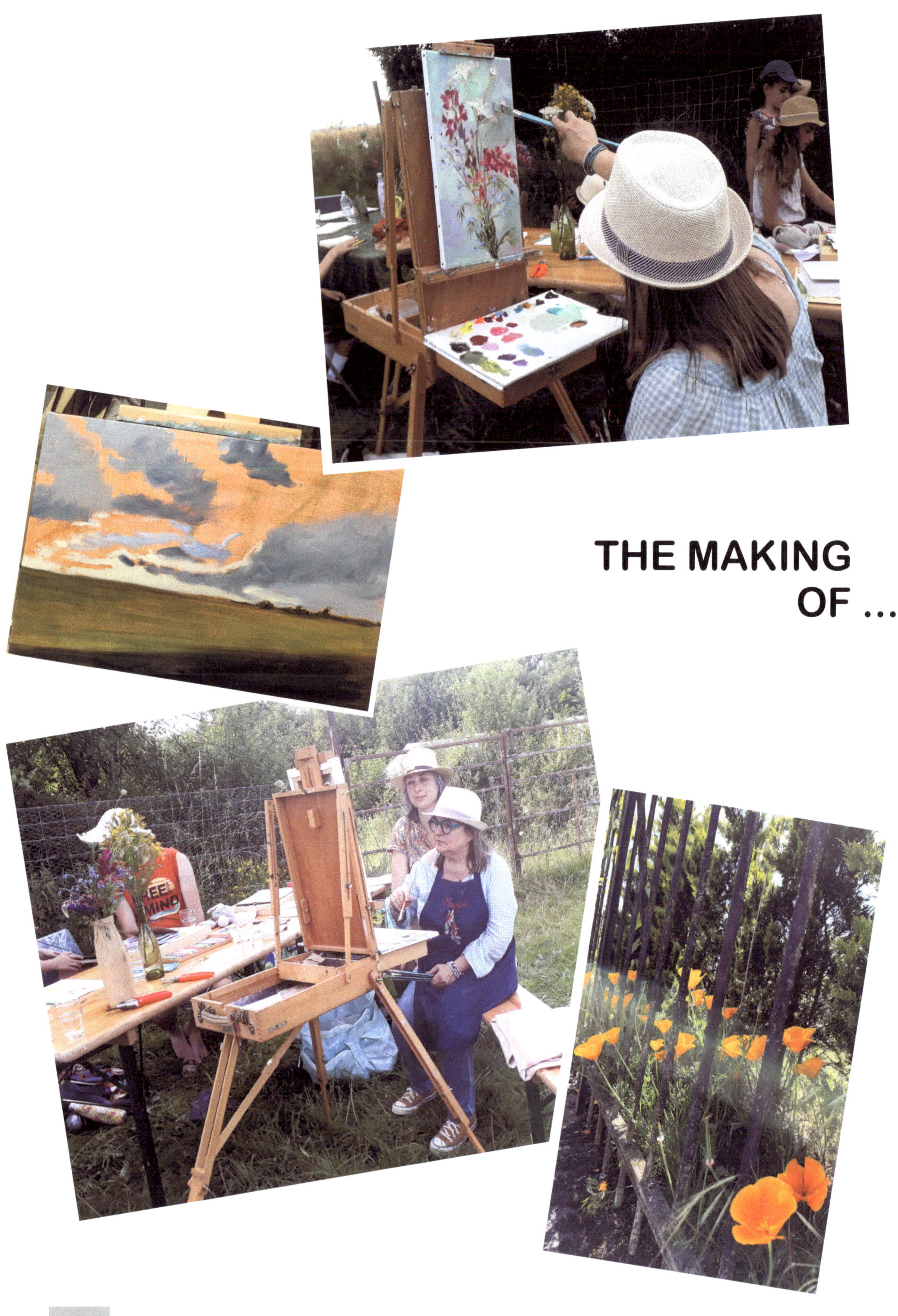

THE MAKING OF ...